LETTRES

AUX

GENS DE FROTEY

PAR

AUGUSTE GUYARD

Auteur des *Quintessences*, anc. réd. en chef du *Bien public*,
Membre de la Société d'Agriculture, Sciences et Arts de la Haute-Saône; de la
Société d'Émulation du Jura; de la Société d'Agr. Sciences et Arts de Poligny;
de la Société impériale d'Acclimatation; de la Société protectrice
des animaux; Directeur de l'Académie de Frotey, etc.

Faire des hommes et pas seulement des bacheliers.
NAPOLÉON III.

Je me défie de tous mes préjugés.
FÉNELON.

DE L'ÉMANCIPATION INTELLECTUELLE ET MORALE.

Prix : 2 Francs.

Au profit de l'Œuvre de Frotey-lez-Vesoul.

PARIS

E. DENTU, ÉDITEUR | Mme G. MAILLEY,
PALAIS-ROYAL, GALERIE D'ORLÉANS. | 23, RUE CASSETTE, 23.

1864

AVERTISSEMENT.

Ces *Lettres* sont à la fois un livre et le moyen d'une œuvre sociale de la plus haute importance.

L'œuvre a pour but général, de vulgariser l'idée de la *Commune-Modèle*, et pour but spécial, de faire une commune de cette espèce du village de Frotey-lez-Vesoul (Haute-Saône).

Le livre, bulletin de l'œuvre et traité de morale, appelle les souscriptions au moyen desquelles l'auteur poursuit son double but.

L'Œuvre de Frotey comprend : des coopérateurs, des bienfaiteurs et des cofondateurs.

Tout souscripteur pour 10 francs aux *Lettres aux gens de Frotey*, sera inscrit au livre d'honneur des coopérateurs.

Tout souscripteur pour 100 fr. sera inscrit au livre d'honneur des bienfaiteurs.

Tout souscripteur pour 1,000 fr. sera inscrit au livre d'honneur des cofondateurs.

Mais tous les noms inscrits à ces trois livres d'honneur, gravés ensuite sur l'airain et dans les cœurs d'une commune, et bénis par la postérité, Dieu les inscrira aussi au livre de la vie éternelle.

Le titre de coopérateur, de bienfaiteur ou de cofondateur pourra être aussi accordé aux personnes qui, ne pouvant pas souscrire de leur bourse, rendraient à l'Œuvre d'autres services.

Les *Lettres aux gens de Frotey* paraissent par livraisons; six ont déjà paru. Elles formeront un beau volume, in-18, imprimé sur papier glacé et satiné.

Le prix de l'ouvrage entier est de 10 fr. payés d'avance. On souscrit par un mandat sur la poste, adressé à Mme G. Mailley, 23, rue Cassette, à Paris. Envoyer à la même adresse les communications qu'on aurait à faire à M. Aug. Guyard.

DÉDICACE.

—

A son Excell. M. Drouyn de Lhuys, ministre des affaires étrangères, président de la Société Impériale d'Acclimatation et l'un des présidents honoraires de l'Académie de Frotey-lez-Vesoul,

Pour le patronage bienveillant, efficace, dont son Excellence daigne honorer l'Œuvre et l'Académie de Frotey,

Témoignage de haute estime, de vive gratitude et de respectueuse sympathie,

De son très-humble et dévoué serviteur.

Auguste Guyard.

AVIS A MES SOUSCRIPTEURS.

Je me suis engagé envers mes souscripteurs à publier mes lettres en 10 ou 12 livraisons devant former un volume de 200 à 250 pages, au plus. Il me suffisait donc, pour tenir mes engagements, de donner 10 livraisons de 24 pages chacune.

Or ma deuxième lettre contient 34 pages ; ma troisième 54 ; ma quatrième 48 ; et celle-ci en renfermera 72, c'est-à-dire trois fois autant que la première.

On ne trouvera donc pas mauvais que je fasse compter cette livraison pour deux, puisqu'en six livraisons seulement formant un total de 232 pages, j'ai déjà dépassé de 32 le minimum de 200 pages auquel je me suis engagé.

BULLETIN

De l'Œuvre et de l'Académie de Frotey.

A mes sœurs du Carmel et Cécilia, dames religieuses de la Légion d'Honneur aux Maisons Impériales des Loges et d'Ecouen.

BONNES SŒURS ET AMIES,

Vous me demandez avec sollicitude ce que je deviens ; comment se porte notre excellent père ; si j'ai enfin des nouvelles de notre cher Mexicain ; comment va l'Œuvre de Frotey ; et vous attendez impatiemment ma visite.

Ne pouvant en ce moment aller répondre de vive voix à vos questions inquiètes, je m'empresse de vous écrire.

Pendant quarante jours, depuis mon dernier voyage à Frotey, j'ai été cloué par la maladie, tantôt sur mon petit grabat de fer, près de la fenêtre d'où j'aime à voir le soleil ressusciter par degrés de sa tombe antarctique ; tantôt sur une chaise basse au coin de mon feu, où les chants et les clapotements de ma bouillotte à thé et les bruyantes oscillations de ma pendule me distrayaient un peu de l'apparente immobilité des heures.

Pendant ces longs jours, mon petit cabinet, au cinquième étage, n'a pas été pour moi, je vous l'assure, un cinquième ciel. Car une incessante activité de ma part, tant du corps que de l'esprit, est la vie de mon œuvre, — c'est mon unique moyen de battre monnaie, — et mon esprit seul pouvait agir; car ma *commune modèle*, qui est bien loin d'être assez grande fille pour marcher seule, n'a pas encore trouvé à Paris un bon parrain ou une bonne marraine pour me remplacer au besoin.

Mais si je souffrais, comme mon œuvre, de mon inaction corporelle, j'étais sans inquiétude sur son sort. Je me disais : « Celui qui m'a inspiré cette grande pensée et qui m'a déjà donné à Frotey, dans notre admirable père, un lieutenant de tant d'initiative et de zèle ; dans M. Vernerey, maire de Frotey, dans l'instituteur, M. Bonnamy, dans notre frère Stanislas, dans la famille Drouhin, dans l'abbé Lordière et sa famille, dans M. Colombier, dans M. Joly et dans quelques autres, des lieutenants de mon père si dignes de lui; celui qui m'a déjà suscité, dans la *Meuse* et dans la *Charente*, deux fervents disciples, deux coadjuteurs de mon âge, enthousiastes et dévoués, et qui me prépare en ce moment d'intelligents imitateurs dans la *Haute-Saône*, dans *Seine-et-Oise*, etc., celui-là saura bien faire surgir à Paris, ce centre égoïste des affaires et des plaisirs, qui est aussi l'écrin des plus belles âmes, l'*alter ego* que j'y cherche. »

« Oui, puisque ma déplorable santé, puisque la composition laborieuse de ces lettres écrites avec la faim, — car il m'est impossible, quand je travaille, de prendre la moindre nourriture avant cinq ou six heures du soir, — puisqu'une correspondance pour laquelle seule j'aurais besoin d'un secrétaire, puisque mes leçons chez moi et hors de chez moi, puisqu'enfin mes occupations et mes préoccupations de toutes sortes ne me permettent plus d'aller aux autres, même à grands frais de voiture, comme il serait nécessaire, Dieu, je l'espère, donnera aux autres la bonne pensée de venir fraternellement à moi. »

Je n'ai pas besoin de vous dire, chères amies, que ma longue maladie est la seule cause du retard de ma cinquième lettre, à laquelle je travaille en vous écrivant. Dès quelle aura paru, je courrai vous la porter avec un beau portrait de papa et les baisers dont il m'a chargé pour vous.

La santé de ce cher octogénaire, beaucoup plus jeune que vous et moi, est parfaite. Sa robuste constitution, son extrême sobriété, les habitudes régulières et l'air pur de la campagne joints à sa vivacité intellectuelle, à son culte de l'idéal et du progrès, à cette expansive et douce joie que donnent la pratique du bien et le contentement de soi-même, en un mot, son irréprochable hygiène du corps et de l'âme fera de notre père un vigoureux centenaire, je n'en doute pas.

De notre cher Ferjeux, je n'ai aucune nouvelle depuis plus d'un an; mon inquiétude est donc égale à la vôtre. Aussi, ai-je prié M. l'ingénieur en chef Bazaine, l'un des généreux bienfaiteurs de Frotey, de vouloir bien en demander pour moi à son frère, l'illustre commandant en chef de notre armée du Mexique, s'il n'y a pas trop d'indiscrétion de ma part à faire déranger ainsi le général au milieu de ses grands devoirs et de son grand deuil.

L'Œuvre de Frotey ne va pas aussi vite que je voudrais. Cependant elle marche, et pour justifier sa devise, *elle grandit en marchant*. D'abord, j'ai obtenu de deux hauts personnages, deux audiences : l'une indirecte, l'autre directe. J'en ai rapporté une espérance et une promesse dont j'attends encore, mais dont j'attends avec confiance la réalisation : car les espoirs, et les promesses qu'ils donnent obligent les puissants.

C'est sur l'aile de cette espérance et de cette promesse que, le 31 octobre dernier, je prenais mon vol vers Frotey. C'est par elles soutenu que, le 2 novembre, jour des morts, nous faisions deux fois acte de vivants. Ce jour-là, vers quatre heures, nous inaugurions la plantation de cette partie de la Roche de Frotey qui touche au village, et qu'on appelle, je ne sais pourquoi, *Cannecheval* ou *Cannechevaux*. Ce lieu aurait-il été jadis un camp dé cavalerie, et son nom actuel serait-il une corruption de *Camp-aux-Chevaux?* Je laisse cette question à résoudre à l'Académie de Frotey.

· La plantation de cette roche, qui sera achevée dans quelques semaines, inaugurera elle-même le reboisement progressif en arbres fruitiers de 72 hectares de communaux improductifs, et pour la plupart impropres à tout autre genre d'exploitation. Quatre trous, larges de plus d'un mètre et d'un peu moins profonds, avaient été creusés dans ce feuilleté jaunâtre, épais et lourd de calcaire grossier qu'on appelle *lave*, et dont on couvre, ou plutôt on écrase les maisons de Frotey. Quatre arbres à haute tige y furent placés : un noyer, un cerisier, un châtaignier et un powlonia imperialis portant encore deux de ses feuilles géantes. Ils sont isolés à dix mètres l'un de l'autre environ, sur la maigre pelouse presqu'en toute saison constellée, parfumée des petites étoiles roses du serpolet et de mille autres fleurettes.

La souscription de Mgr Mabile, et celle de M. le comte Henri de Montépin ont fait les frais de cette inauguration.

M. le maire de Frotey, l'instituteur et ses élèves, le garde forestier et les habitants les plus zélés pour l'Œuvre, assistaient, avec papa, Stanislas et moi, à cette première plantation. Chacun des assistants a donné son coup de pioche ou de houe; aucun des enfants n'y a manqué, bien entendu. Le powlonia fut entouré, séance tenante, d'une corbeille de chrysanthèmes variés; puis, arbres et fleurs furent confiés aux soins et à la garde des écoliers qui restèrent à jouer sur la pelouse jusqu'à la nuit.

Quant aux grandes personnes, préoccupées d'une autre œuvre à créer encore ce jour même, elles redescendirent au village par le Trou du Renard, en devisant gravement de leur création nouvelle.

À deux heures de là, dix hommes — cultivateurs, vignerons, horticulteurs, hommes de lettres — communiant dans une même pensée, s'asseyaient, chez mon père, autour d'une table chargée de mets simples, d'agréables vins du cru, de fleurs, de fruits et de diplômes, et instituaient, dans une scène mémorable pour eux, la petite, la modeste Académie de Frotey, que M. de Lamartine à nommée de son vrai nom en l'appelant une *académie de famille*.

Les membres fondateurs réunis dans ce petit cénacle académique sont MM. : Bonnamy, Colombier, Drouhin (Jean), Drouhin (Jean-Odot), Filingre, Guiard (Joseph), Guiard (Stanislas), Guyard (Auguste), Joly et Vernerey.

Un autre membre fondateur M. Claude Drouhin, était absent pour cause d'indisposition.

Si j'ajoute à ces onze noms ceux de MM. : Bourguin, secrétaire général de la Société protectrice des animaux; Chanet, docteur en médecine; Emile Deschamps; Ernoult Jottral fils, banquier; Grosjean, capitaine en retraite; Mme Prince, de Belfort; Suleyman Khan, conseiller de l'ambassade de Perse à Paris; Mirza Réza fils du consul de Perse, à Erzéroum; Théophile Vallière, ancien sous-préfet, absents de corps, mais présents d'esprit et de cœur, vous aurez la liste entière des membres fondateurs de l'Académie de Frotey.

Au dessert, qui fut une exposition des plus beaux fruits que l'on puisse voir, le bureau de l'Académie fut ainsi composé :

Président, M. Guiard (Joseph), notre père ; vice-présidents MM. Drouhin (Jean), Drouhin (Jean-Odot); Secrétaire général archiviste M. Bonnamy; trésorier, M. Vernerey.

M. Emile Deschamps reçut le titre de Président d'honneur de l'Académie de Frotey. J'en fus nommé le directeur.

Le lendemain, après avoir distribué les diplômes aux nouveaux académiciens, je revins à Paris, rapportant du *Canne-*

c*hevaux*, dans mon sac de nuit, un large pied de serpolet qui pousse là, dans un pot, sous mes yeux réjouis par cette plante et par cette terre du sol natal.

L'Académie créée et mise au monde, il fallait la faire grandir et l'illustrer. J'ai consacré à ce travail difficile et délicat les insomnies et la convalescence de ma maladie.

Composée, le 2 novembre dernier, de vingt membres, moitié paysans, moitié citadins, cette académie villageoise, qui fit rire ou sourire d'abord, compte aujourd'hui déjà plus de cent membres, parmi lesquels : des ministres, des ambassadeurs, des députés, des conseillers d'État, des préfets, des membres de l'Institut, des journalistes, des savants, des littérateurs et des artistes éminents ; ainsi que des femmes distinguées par le nom, le rang, le talent ou la fortune.

Aussi n'ai-je plus le droit, maintenant, de l'appeler petite et modeste.

Je publierai plus tard la liste complète de nos académiciens. Je me borne aujourd'hui à vous donner quelques extraits de lettres des membres les plus distingués par leur position sociale ou leur dévouement à l'œuvre.

Peut-être ces extraits louangeurs vont-ils vous sembler contraires à la modestie et vous faire craindre que leur encens ne me monte à la tête ? Rassurez-vous, mes chères amies. En vous les envoyant, comme en les publiant, je ne suis mû ni par la vanité, ni par l'orgueil, ni par l'amour d'une vaine gloire, mais par le seul intérêt de mon entreprise. Mieux que personne vous savez comme l'apostolat est dans ma nature, puisque c'est moi, archi-dévot catholique pendant 6 années, — de 18 à 24 ans, — qui vous ai introduites avec bien d'autres à la dévotion et au cloître. Or, l'apôtre n'a point d'orgueil, car il sait qu'il n'a pas plus de mérite à donner sa vie aux hommes, que n'en a le cerisier des grandes routes à courber sur la tête du voyageur altéré ses verts panaches rougis de fruits succulents.

Mon œuvre prospérera d'autant mieux qu'elle se montrera

escortée de plus de sympathies, d'éloges, d'admirations et d'enthousiasmes. Il y a une habileté honnête et un savoir-faire permis qu'il ne faut point dédaigner quand on veut réussir, surtout quand la réussite importe non au bien-être d'un seul mais au bonheur de tous.

Si vous pouviez penser aussi, comme quelques rares personnes, que je suis prodigue de citations élogieuses, veuillez bien lire attentivement celle-ci :

« La première fois, Monsieur, que j'ai lu ce que vous comptiez faire à Frotey, je vous avoue que la foi n'est pas entrée dans mon esprit. Ce n'est qu'après avoir, dans dans un second article de l'*Opinion nationale*, vu les nombreux résultats obtenus par vous que j'ai cru.

« De ceci je tire la conséquence, que beaucoup de nos concitoyens ne croiront, ainsi que moi, qu'après avoir vu l'œuvre commencée. Ne craignez donc pas de fatiguer le public des résultats que vous avez obtenus, de tout ce que vous comptez faire encore, ni de publier les adhésions qui vous arrivent.

« Soyez persuadé qu'à chaque nouveau récit de vos merveilleux actes à Frotey, les souscripteurs vous viendront toujours plus nombreux ..... Et comme c'est par la souscription à vos *lettres* que vous comptez réaliser votre œuvre, vous atteindrez ainsi votre but. »   J. A. ROUGE, recev. de l'enregistrement.

Je suis trop de l'avis de l'honorable M. Rouge pour ne pas suivre son conseil. Je commence donc par la lettre de M. Emile Deschamps, notre illustre Président d'honneur :

« *A MM. les membres de l'Académie de Frotey-lez-Vesoul.*

» Messieurs,

» Je reçois par les mains de votre digne et excellent directeur,

M. Auguste Guyard, le diplôme de membre fondateur honoraire
et le titre de Président d'honneur de l'Académie de Frotey-lez-
Vesoul, que vous avez bien voulu me conférer dans la séance
du 2 novembre dernier.

» Comment vous remercier, Messieurs, de cette marque précieuse et inespérée de vos bontés ! Comment, surtout, ne pas
vous en remercier mille fois du fond de mon cœur ?

» Croyez, Messieurs, qu'en acceptant ces glorieuses faveurs, je
sens encore s'accroître en moi les profondes sympathies et le zèle
fervent dont j'étais depuis longtemps animé pour votre œuvre
si sainte et si populaire; et veuillez agréer l'hommage des sentiments de la plus haute considération, de votre très-dévoué et
très-fidèle serviteur et confrère. »   Emile DESCHAMPS.

« Mon cher Guyard,

» Je reçois avec reconnaissance, et j'accepte avec déférence
le diplôme de membre honoraire de l'Académie de Frotey. Je
vois par les signatures que c'est une académie de famille exclu-
sivement consacrée à l'utilité d'une petite population rurale et
c'est à titre de vigneron aussi, et de votre ami, que je m'honore
de ce diplôme. » ...   Alph   de LAMARTINE.

« Mille remercîments, monsieur, du diplôme de membre honoraire de votre Académie. C'est pour moi une attention de sympathie de votre part et de celle de vos collègues et amis de
Frotey, de cette sympathie qui lie les hommes associés à une
œuvre de civilisation telle que la vôtre... Courage, monsieur,
honneur et bonheur pour vous et votre commune, et recevez
l'assurance de ma parfaite sympathie. »

        BAZAINE, ingénieur en chef des ponts et chaussées.

« Je viens vous remercier, monsieur, de la nouvelle dignité que me confère le diplôme de membre de l'Académie de Frotey et de vos bons souhaits pour moi et les miens. Vous êtes vraiment un homme envoyé de Dieu à votre petite commune, qui aura bientôt, grâce à vous, une réputation européenne...

» Mon mari joint ses vœux aux miens pour que l'année 1864 soit favorable à vous et à votre famille, et pour que Dieu comble de ses bénédictions votre noble entreprise. »   Sophie ISOARD.

Mme Isoard, fondatrice honoraire de l'œuvre de Frotey, est la femme si distinguée de l'ancien préfet de la Haute-Saône.

M. Isoard m'a remercié aussi par l'envoi de sa carte qui portait ces mots :

« LÉOPOLD ISOARD, préfet de l'Aveyron, à M. Guyard, fondateur de l'œuvre philanthropique de Frotey, avec mille remercîments pour le diplôme de membre honoraire. »

Son Excellence, M. Duruy, ministre de l'Instruction publique, M. Glachant, gendre du ministre et chef de son cabinet, ont également daigné me remercier de leurs diplômes, par l'envoi de leurs cartes.

M. Servaux, chef de division à l'instruction publique, avait écrit sur la sienne :

« A M. Guyard, avec mes sincères remercîments et mes plus franches sympathies. »

J'ai de plus reçu du même ministère, les deux aimables lettres suivantes :

« Monsieur,

» Vous m'avez fait l'honneur de m'adresser un diplôme de

membre honoraire de l'Académie de Frotey-lez-Vesoul, qui m'a été conféré dans la séance du 31 décembre dernier.

» J'ai été très-sensible, monsieur, à ce témoignage d'estime et je vous prie de transmettre à l'Académie dont vous êtes le directeur l'expression de mes remercîments.

» Agréez, monsieur, l'assurance de mes sentiments les plus distingués. » GENTEUR, Cons. d'État, secrét. gén. de l'instr. publique. »

« Vous avez eu raison, monsieur, de compter sur mon intérêt sympathique pour vos fondations philanthropiques. Je vous remercie du diplôme que vous avez bien voulu m'adresser. Quoique tout à fait étranger à la localité qui fait l'objet de votre sollicitude particulière, je me ferai un plaisir, à l'occasion, de seconder vos utiles et louables projets. Je fais des vœux pour la continuation du succès qui a commencé à récompenser vos généreux efforts. » BELLAGUET, Chef de division à l'inst. publique.

« C'est avec plaisir et gratitude, mon cher monsieur Guyard, que j'accepte le titre de membre honoraire de l'Académie de Frotey... Soyez sûr que je saisirai avec empressement toutes les occasions de seconder vos efforts, pour arriver à la réalisation de votre généreuse entreprise. » DORNIER. Inspect. des Écoles.

On sait déjà que M. Dornier est l'une des personnes les plus dévouées à Frotey, ainsi qu'à la belle œuvre de la société protectrice des animaux.

Un savant ingénieur publiciste, M. Auguste Morel, m'a reremercié en ces termes de son diplôme :

« Je vous suis très-reconnaissant du diplôme de membre de l'Académie de Frotey-lez-Vesoul. Veuillez dire à mes confrères combien je suis touché et honoré de cette flatteuse distinction, qui m'encourage à persévérer dans l'étude assidue de toutes les

questions ayant trait à l'intérêt du peuple et au développement progressif de son bien-être. »   Auguste Morel.

———

Le peintre célèbre de l'ode, des vitraux de Sainte-Clotilde, de
Saint-Laurent, etc., me dit dans une lettre pleine de ce sel
attique dont il saupoudre ses écrits :

... « J'ai reçu avec une vive reconnaissance et je con-
serverai avec soin le diplôme qui me confère la qualité de
membre de la jeune Académie de Frotey-lez-Vesoul. Déjà
ce précieux parchemin est placé dans mes archives, entre le
diplôme de la Société libre des beaux-arts et celui de l'Institut historique de France. »   Auguste Galimard.

———

L'Académie de Frotey compte aussi parmi ses membres
honoraires deux associés de la maison Vilmorin-Andrieux et Cie
ce type de la probité commerciale. MM. Henri Vilmorin et
V. Lefebvre, ont accepté en ces termes leurs diplômes :

« Je reçois a l'instant, Monsieur, le diplôme de membre de
l'Académie de Frotey... Croyez que je suis extrêmement honoré et flatté de cette distinction, dont tous mes efforts ten-
dront à me rendre digne.

» Les travaux de l'Académie de Frotey sont dirigés vers un but
de la plus haute importance. Ce sera un bonheur pour moi de
m'y associer dans la mesure de mes forces. »   H. Vilmorin.

———

« Je vous remercie, Monsieur, de l'honneur que vous m'a-
vez fait en obtenant, pour moi, le diplôme de membre de
l'Académie de Frotey. Je profiterai de toutes les circonstances
qui me permettront de m'associer utilement à l'œuvre excellente
qu'elle a pour but de soutenir. » V. Lefebvre.

L'une de mes généreuses abonnées, jeune personne qui justifiera admirablement un jour cette pensée : « *La femme est la sagesse de l'homme,* » Mlle Marie de Veimars, fille de Love Veimars, ancien consul général de France à Bagdad, me dit dans sa dernière lettre :

« J'accepte avec reconnaissance votre diplôme. Mais permettez-moi de ne pas profiter de la latitude que me donne mon titre de membre honoraire, et de vous adresser ma cotisation, qui sera *annuelle*; car à moins que je ne parte pour la Chine ou l'autre monde, je ferai toujours en sorte de vous la faire parvenir.

» Recevez, la nouvelle assurance de ma sympathie et de mon admiration vraie pour votre œuvre. » Marie de VEIMARS.

———

M. Vacca, professeur de physique et de chimie au collége de Remiremont, rédacteur de l'*Écho des Vosges*, et qui a pris dans ce département l'initiative des bibliothèques populaires par la fondation de celle de Remiremont, a bien voulu m'écrire :

« Je vous remercie bien sincèrement, monsieur, de la distinction dont je suis l'objet... Veuillez, je vous prie, être mon interprète près des membres de votre Académie naissante. Fier de me trouver ainsi associé à votre œuvre je n'ai qu'un désir : pouvoir vous y aider. Ne craignez donc pas de me dire en quoi je vous puis être utile. » VACCA.

———

Le directeur du *Courrier de la Montagne,* de Pontarlier, M. Alfred Simon, qui s'est l'un des premiers associé à mon œuvre, me dit :

« J'ai reçu avec le plus vif sentiment de reconnaissance le précieux diplôme de membre honoraire de l'Académie de Frotey... C'est un honneur que j'attribue non à mon mérite personnel, mais à mon zèle sans bornes pour votre philanthropique entreprise.

» J'attends avec impatience votre cinquième lettre pour parler longuement de la *Commune modèle* dont je suis le dévoué partisan... »   Alfred SIMON.

Cabinet du Préfet de la Haute-Saône.

« Monsieur,

» Je m'empresse de vous remercier de l'honneur que vous avez bien voulu me faire en m'admettant au nombre des membres de l'Académie que vous avez créée à Frotey.

» J'accepte avec reconnaissance le diplôme qui m'associe à une compagnie aussi distinguée. Mais je suis vraiment confus de devenir le collègue des hommes éminents dont vous me citez les noms.

» A défaut de titres et de talents, j'apporterai à la Société un amour sincère du bien et un dévouement complet à l'œuvre que vous poursuivez avec autant de persévérance que de désintéressement.

» Agréez, Monsieur, l'assurance de mes sentiments de respectueuse sympathie. »   Paul DAVID.

Secrétaire particulier et chef du cabinet du préfet de la Haute-Saône, M. Paul David m'a annoncé aussi que M. le baron Tharreau et Mme la baronne avaient bien voulu accepter les diplômes de membres honoraires, et qu'un voyage avait empêché M. le préfet d'en remercier l'Académie de Frotey.

« Mon cher Confrère,

» Je suis très-touché et très-honoré de votre attention parfaitement délicate. Votre diplôme est le bien venu. Je vous remercie de mon admission dans une société qui s'inspire de nobles idées..... Votre modeste Académie fait comme tout ce qui est bon ; le bien part souvent d'en bas ; il monte, il ne descend

pas. Le Christ est sorti d'une échoppe pour aller au Calvaire; et c'est la croix de bois qui a fait rayonner la grande pensée de Dieu sur le monde. »   BELMONTET,
Dép. au Corps législatif.

M. Belmontet, l'auteur des *Tristes, d'une Fête de Néron,* des *Nombres d'or* et d'une foule d'autres poésies remarquables, fit partie, dès le principe, de la pléiade romantique dont Victor Hugo, Emile Deschamps, Sainte-Beuve étaient les chefs.

On sait aussi que M. Belmontet est l'un des amis les plus dévoués de l'Empereur.

M. le vicomte de Valmer, président de la Société protectrice des animaux, qui ne craint pas d'arborer parmi ses glorieux titres académiques et autres, celui de membre honoraire d'une académie de village, me dit, dans une lettre toute sympathique :

« Je suis très honoré de la faveur que l'Académie de Frotey-lez-Vesoul a bien voulu me faire, en m'accordant le titre de membre honoraire; c'est à vous, monsieur, que je le dois; je vous prie d'agréer ici l'expression de ma reconnaissance.

» Le but que se propose cette utile association ne peut manquer d'obtenir les sympathies de tous les hommes de bien; et je ne suis pas plus surpris de voir à sa tête l'honorable Emile Deschamps, que d'apprendre que vous en êtes le directeur. Je suis heureux de penser, Monsieur, qu'un double lien doit nous rapprocher, et je me plais à espérer que la protection des animaux vous inspirera quelques-unes de ces pages qu'on lit avec tant de plaisir dans vos *Lettres aux gens de Frotey.* C'est avec un vif intérêt que je les ai parcourues. Je me réserve de les lire avec toute l'attention qu'elles méritent ; mais je ne veux pas différer de vous offrir mes félicitations.

» Veuillez agréer, monsieur le Directeur, l'expression de mes sentiments les plus distingués. »   Vicomte de VALMER.

Enfin Son Exc. M. le Ministre des affaires étrangères, président de la Société d'acclimatation daigne me dire dans deux lettres aussi courtoises qu'obligeantes :

« Monsieur le Directeur,

» J'ai reçu avec la lettre que vous m'avez fait l'honneur de m'écrire, le diplôme de membre honoraire de l'Académie de Frotey-lez-Vesoul, que vous avez bien voulu m'adresser.

» ...J'accepte avec autant d'empressement que de gratitude cette gracieuse distinction de la part d'une institution dont j'apprécie parfaitement l'utilité toute pratique.

» J'ai pris connaissance avec intérêt de son programme et je serai charmé d'appuyer votre demande à l'effet d'obtenir l'agrégation de l'Académie de Frotey à la Société d'Acclimatation, à laquelle vous appartenez déjà personnellement.

» Recevez, monsieur le Directeur, l'expression de mes sentiments distingués. »   DROUYN DE LHUYS.

La promesse de Son Excellence, M. le ministre des affaires étrangères, ne s'est pas fait longtemps attendre, car je reçois aujourd'hui, 23 février, de M. le comte d'Eprémesnil, secretaire général de la Société d'Acclimatation, la lettre suivante :

« Monsieur le Directeur,

» J'ai l'honneur de vous adresser l'extrait du procès-verbal portant mention de la décision par laquelle la Société Impériale d'Acclimatation a admis l'Académie de Frotey-lez-Vesoul au nombre de ses sociétés agrégées.

» Recevez, avec les remercîments de notre société, pour le concours empressé qu'à bien voulu nous offrir l'Académie fondée par votre généreuse initiative, l'assurance de ma considération la plus distinguée. »   Comte d'EPRÉMESNIL.

EXTRAIT DU PROCÈS-VERBAL :

Sur la proposition de son conseil d'administration, la So-
CIÉTÉ IMPÉRIALE ZOOLOGIQUE D'ACCLIMATATION, *dans sa séance
du 19 février 1864, a reconnu comme société agrégée l'Académie de Frotey-lez-Vesoul (Haute-Saône).*

Ce procès-verbal servant de diplôme est signé :

DROUYN DE LHUYS, président ; A. PASSY, DE QUATRE-FAGES,
RICHARD (DU CANTAL), vice-présidents ; le comte de SINÉTY, GUÉ-
RIN-MÉNEVILLE, secrétaires ; comte D'EPRÉMESNIL, secrétaire
général.

Voilà des noms à côté desquels toute personne généreuse qui
veut faire le bien en bonne et illustre compagnie et donner à
son nom un doux reflet de gloire aimera certainement à s'inscrire. Qui sait ? bientôt, peut-être, il sera de mode honnête,
à Paris, d'être de l'Académie de Frotey.

Mais cet honneur dont est comblée notre académie villageoise n'est point un honneur stérile. Depuis qu'ils sont ainsi
l'objet des sympathies, ou les confrères de tant de personnages
éminents, les gens et les académiciens de Frotey, ont senti grandir au fond de leur conscience, l'estime d'eux-mêmes et des
autres, et doubler leur valeur intellectuelle et morale. Jouissez,
illustres collègues, jouissez de votre bonne action !

Ce que veulent des riches, des savants, les ignorants et les
pauvres, ce n'est point leur fortune, leur science ; c'est leur
bienveillance et leur estime.

Les académies de village, en rapprochant fraternellement les
hommes et les classes, consolideraient, dans une certaine mesure
la paix, la prospérité, la félicité publiques et les bases de la société : Voilà ce que je disais au début à ceux qui, ne comprenant
pas la portée morale, religieuse et sociale de notre petite académie, l'appelaient avec colère ou dédain : l'*Académie ridicule.*
Ils s'obstinaient à n'y voir qu'une parodie bouffonne des sociétés

littéraires, etc. : des paysans aux mains terreuses pérorant en patois sur la maladie des vignes, des pommes de terre et sur la ladrerie des porcs...; un président en sabots cassant sa sonnette pour rappeler à l'ordre un orateur aviné ou réveiller en sursaut des académiciens ronflants... Que sais-je encore?

Lors même qu'une académie rurale n'aurait d'autre but que celui d'habituer les paysans à se rencontrer ailleurs que sur les foires, aux fêtes de village, aux repas de noces et dans les cabarets; que de les tirer de leur isolement volontaire et de leur torpeur intellectuelle, en les réunissant, à époques fixes, dans un lieu où ils puissent causer entre eux de leur travaux, faire échange de leurs observations et de leur expérience, s'occuper, en un mot, de l'intérêt commun et des choses de l'esprit et du cœur, ce but ne serait point à dédaigner! Des extraits de procès verbaux le démontreront tout à l'heure.

Mais l'Académie de Frotey a une bien autre portée; on en jugera par ses statuts et par la liste des prix qu'elle propose pour 1864 et 1865.

Statuts de l'Académie de Frotey-lez-Vesoul.

ART. Ier.

§ Ier. L'Académie de Frotey-lez-Vesoul est avant tout une académie morale et libre, ayant pour but de soutenir, de développer et de contrôler l'œuvre de civilisation rurale, fondée à Frotey sous le nom de *Commune modèle*.

§ II. Elle est ensuite une académie d'expériences agricoles, industrielles ; une société d'acclimatation et une société protectrice des animaux.

§ III. Elle est aussi une académie des sciences, des lettres et des arts appliqués à la commune rurale.

ART. II.

L'Académie de Frotey est de plus : 1° Un tribunal d'arbitrage et de conciliation, destiné à prévenir les procès entre les habitants de la commune ;

2° Le noyau d'une société de secours mutuels et de sociétés d'assurances fraternelles à constituer le plus vite possible, soit à Frotey seulement, soit entre les trois communes de Frotey, de Quincey et de Colombe ;

3° La dépositaire du livre d'or de la commune où seront inscrits les faits mémorables, les belles actions des citoyens, les noms des lauréats de l'œuvre de Frotey, etc.

Art. III.

Outre ses vingt fondateurs, l'Académie de Frotey comprend des membres résidants, des membres correspondants et des membres honoraires des deux sexes, en nombre illimité.

Art. IV.

Les rosières et les liséens de Frotey sont de droit membres de l'Académie.

Art. V.

Les membres fondateurs, les membres résidants et les membres correspondants payent une cotisation annuelle qui ne peut être moindre de 10 francs. Cette cotisation est facultative pour les membres honoraires.

Art. VI.

L'Académie et l'Œuvre de Frotey sont administrées par un conseil de direction composé d'au moins 24 membres élus pour trois ans par tous les académiciens payant une cotisation annuelle et par tous les souscripteurs pour 100 francs au moins à l'Œuvre de Frotey. Les membres sortants sont rééligibles.

Art. VII.

L'Académie et l'Œuvre de Frotey ont à leur tête un directeur responsable, qui rend chaque année ses comptes devant le conseil de direction et soumet à son approbation toutes les choses dont lui directeur a pris l'initiative.

Art. VIII.

Le directeur peut fonder, partout où il le jugera utile à l'Œuvre de Frotey, des académies succursales ayant même but, mêmes devoirs et mêmes droits que l'académie mère, siégeant à Frotey.

Art. IX.

L'académie mère et les académies succursales ont chacune leur bureau distinct; mais elles ont toutes ensemble le même directeur et le même conseil de direction.

Art. X.

Chaque bureau se compose d'un président, de vice-présidents, d'un secrétaire général et de secrétaires des séances, d'un archiviste et d'un trésorier.

Art. XI.

L'académie mère et les académies succursales siégeront obligatoirement tous les trois mois, en novembre, février, mai, août, et facultativement sur toute convocation spéciale de leurs présidents.

Art. XII.

L'académie mère sera administrée par un comité local, composé d'au moins 8 membres, dont les membres du bureau font de droit partie. Ce comité local recevra son impulsion du directeur et du conseil de direction.

Art. XIII.

Considérant le danger des constitutions définitives, l'Académie de Frotey déclare ses statuts indéfiniment modifiables et perfectibles.

Prix pour 1864 que l'Académie à l'intention de rendre annuels.

1° Trois prix de la valeur de 10 fr., chacun, pour les trois plus belles collections de minéraux, de plantes et d'insectes récoltés sur le territoire de Frotey par les enfants des écoles, et les jeunes bergers.

2° Trois prix de même valeur aux enfants qui se seront signalés par leurs bons traitements envers les animaux domestiques et par un respect absolu des oiseaux insectivores.

3° Deux prix de la valeur de 20 fr. chacun, au garde forestier et au garde champêtre, s'ils remplissent avec exactitude, douceur et fermeté leurs délicats et difficiles devoirs.

4° Un prix de même valeur au cantonnier, à condition qu'il tiendra habituellement les rues du village dans le plus grand état de propreté possible.

5° Un prix de même valeur au berger communal, si le village est content de son service.

6° Un prix de la valeur de 50 fr. à la mère de famille qui s'occupera avec le plus de zèle et d'intelligence de l'éducation de ses enfants.

L'académie décernera aussi cette année, et chaque année, s'il y a lieu, les quatre autres prix déjà fondés, d'une valeur de 50 fr., chacun, pour l'instituteur, l'institutrice, la rosière et le liséen.

Tous les noms des lauréats seront inscrits au Livre d'Or de l'Académie.

Prix de l'Académie de Frotey pour 1865.

1° Un prix de la valeur de cent francs pour une histoire de la commune de Frotey ou pour une collection de documents suffisants pour faire cette histoire.

2° Un prix de même valeur à l'auteur d'un mémoire sur une industrie communale facile et peu coûteuse à exploiter par l'Académie, et capable de créer des revenus importants à l'Œuvre de Frotey.

Ce prix pourra être décerné, s'il y a lieu, en 1864.

Il va sans dire que l'Académie de Frotey accepterait avec une vive reconnaissance, les sommes qui lui seraient offertes, soit pour couvrir ces différents prix, soit pour d'autres fondations dans l'intérêt de l'Œuvre.

Extrait des procès verbaux des deux dernières séances de l'Académie de Frotey.

Séance du dimanche du 31 janvier 1864.

M. le président lit un long rapport sur les améliorations agricoles qu'il désirerait introduire à Frotey : « Messieurs, dit-il, l'agriculture a fait de grands progrès en France ; nous ne devons pas rester en retard... Voici les essais que je me propose de faire cette année, dans l'intérêt de la commune.

» J'ai reçu 25 variétés de blé de toutes saisons, provenant de fermes modèles. J'ai reçu également plusieurs variétés d'orge, de seigle. d'avoine, de maïs, de pois, de pommes de terre, de betteraves champêtres, de carottes fourragères, de rutabagas, de navets, de colzas et un chanvre de Piémont qui acquiert une hauteur double de celle du chanvre ordinaire.

» Quand toutes ces plantes et céréales seront à maturité, nous les visiterons ensemble; nous comparerons leurs produits avec les produits des espèces du pays que je planterai le même jour, dans le même terrain, préparé de la même manière, et nous pourrons faire choix des espèces les plus convenables pour notre culture.

» J'ai cultivé autrefois une espèce de blé d'Égypte ou blé de Miracle, planté au grain et biné, dont une seule graine m'a donné plusieurs tiges et a rendu en moyenne quinze cents fois sa semence. Sa paille est grande et grosse comme du chanvre; son chaume, coupé à 60 centimètres de hauteur, pourrait servir à chauffer le four dans ses pays ou le bois est rare. »

M. le Président parle ensuite des travaux propres à améliorer la prairie de Frotey, tels que curage des fossés, rigoles d'écoulement, hersage des mousses, etc.

Il termine en faisant des vœux pour la formation prochaine d'une société de secours mutuels.

Séance du dimanche 28 février.

Présents MM. Vernerey, Guiard (Joseph), Bonnamy, Drouhin (Jean), ancien maire, Joly (Joseph), propriétaire, Colombier (Claude-Étienne), conducteur des ponts et chaussées, Colombier (Joseph), liséen de 1863.

Au début de la séance, M. Colombier, auteur d'un intéressant mémoire académique sur les moyens les plus propres à empêcher l'émigration des campagnes dans les villes, demande la parole et s'exprime ainsi :

« Avant de discuter les questions qui lui sont soumises, l'Académie tient à témoigner de rechef sa gratitude à M. Auguste Guyard, pour le dévouement hors ligne et la persévérance qu'il apporte à l'Œuvre de Frotey, dévouement et persévérance dont la commune de Frotey est fière d'être l'objet et qui, l'Académie l'espère, porteront d'heureux fruits.

» L'Académie doit aussi un tribut de reconnaissance à son

vénérable président. M. Guiard père, à l'égal de son fils et peut-être sous son inspiration, a pris à cœur de faire réussir l'Œuvre de Frotey. Corps et âme il lui est dévoué ; il y veut consacrer le restant de sa vie. Admirable dévouement qu'on ne rencontre que de loin en loin dans l'histoire ! Il sème et il ne récoltera pas. Il plantera des arbres dont il ne lui sera peut-être pas donné de voir les premiers fruits. Qu'importe ! il sème, il plante, les yeux fixés sur l'avenir. Il est avant tout l'ami du progrès. Il touche à quatre-vingts ans, et à cet âge, il travaille pour ses enfants, ses petits enfants, ses neveux et ses petits neveux, pour ses compatriotes de la génération présente, et de celles qui la suivront. Encore une fois, admirable dévouement que rien ne saurait diminuer ou ternir car il est étranger à tout intérêt personnel ; car rien de terrestre, de mondain ne s'y mêle. »

Ensuite le secrétaire général lit une lettre de M. le Directeur, annonçant l'agrégation de l'Académie de Frotey à la Société Impériale Zoologique d'Acclimatation ; une demande d'arbustes faite par M. Guyard a cette société, pour la plantation du cannechevaux ; une demande du même genre et pour le même but, adressée au jardin des plantes par Mirza Réza, jeune Persan, membre de l'Académie de Frotey ; la fondation à Paris, le 3 mars, prochain d'une succursale de l'académie mère.

M. le directeur recommande vivement, en outre, dans sa lettre, la culture du lin dans nos chenevières, et de la betterave à sucre pour faire des essais de distillerie.

Après cette lecture, le président fait un rappor sur l'état des travaux du Cannecheval : les allées sont tracées, dit-il. Quatre, bancs circulaires, en maçonnerie, gazonnés, sont construits sur les côtés et en avant de la place de l'estrade ; cent personnes environ pourront s'y asseoir. Dix-sept grands arbres sont déjà plantés, dont treize sapins épicéa de 3 à 4 mètres de hauteur ; trente trous sont prêts à recevoir, au prochain dégel, autant de noyers, qui dessineront le pourtour de la pelouse déjà ornée de cinq corbeilles de fleurs. Une sixième corbeille plus grande, faisant face à l'estrade, sera plantée de rosiers remontants à haute tige. Les polygones situés entre les allées et les arbres déjà en place recevront des arbres à feuilles persistantes : ifs, lauriers, houx panachés, buissons ardents attendus de Paris.

Le président raconte ensuite cette intéressante petite anecdote :

« Un bon curé de campagne voyait avec douleur les jeunes arbres plantés par l'administration, aux bords de la route, sans cesse brisés par les animaux ou par les bergers. Si je faisais planter les arbres par les enfants eux-mêmes, pensa un jour l'intelligent curé ; et si chaque arbre portait le nom de son planteur ? Il exécuta sa lumineuse idée sur un kilomètre de route, à partir du village. Depuis lors plus d'arbres cassés, ou si par hasard un accident arrivait à messire Jacques ou à messire Jean peuplier, le jeune parrain sans filleul s'occupait de lui-même à faire remplacer l'arbre détruit. »

» Cet exemple me semble excellent à suivre; que chaque arbre du Cannechevaux porte le prénom de l'écolier qui l'aura planté et voudra lui donner ses soins. Ne ferions-nous pas bien aussi de donner au Cannechevaux un autre nom, celui de *Jardin de l'Académie* par exemple, ou de *Jardin des Ecoles ?*

Un membre propose d'appeler ce lieu, transformé par l'Académie et par les enfants de Frotey en un jardin d'utilité et d'agrément, le *Jardin de l'Académie et des Écoles.*

Cette proposition est adoptée à l'unanimité.

M. Guiard père reprend la parole à peu près en ces termes :

« Messieurs, les travaux des vignes vont recommencer; permettez-moi, à ce propos, de vous faire part de quelques résultats de ma vieille expérience.

» A Frotey, on a l'habitude de tailler la vigne du 20 février à la fin de mars. La pousse se fait du 15 avril au 15 mai, et très-souvent les gelées tardives réduisent de moitié, ou détruisent

complétement la récolte. Voulez-vous vous *assurer* chaque
année une abondante vendange, taillez du 15 avril au 15 mai ;
taillez comme je le fais, en *crossons* ou crochets d'un à deux
centimètres de longueur, près du vieux bois, où sont des yeux
presque imperceptibles, qui se développent tardivement quand les
gelées ne sont plus à craindre. La vigne qui pleure au début
de la végétation ne pleure plus quand elle est dans son plein.
Si nous avions le malheur d'être gelés cette année, ce qui n'est
pas probable, à cause des grands froids de février, essayez une
seconde taille par ma méthode ; sacrifiez hardiment le peu que
la gelée aura respecté. Bientôt vous verrez les yeux imperceptibles dont je parle devenir des bosses, puis des bourgeons
chargés de raisins ; le déficit, s'il y en a, sera du cinquième, du
sixième au plus d'une bonne récolte ordinaire ; seulement vous
devrez vendanger 10 ou 15 jours plus tard. Peut-être m'ob-
jecterez-vous les gelées d'automme. Je vous répondrai par
l'exemple d'un département voisin.

» Le Jura possède sans contredit les meilleurs vins d'ordinaire
de France ; ces vins exquis de ménage, qui se boivent en tirant
à même, et qui, loin de s'aigrir, s'améliorent au fur et à mesure
que le tonneau baisse. Les bons crus se gardent indéfiniment ;
et je me suis laissé dire par des gourmets que les vins vieux du
Jura, bien conditionnés, sont, malgré leur goût de terroir, des
premiers du monde. Ce fut l'avis de plusieurs souverains ; c'était
celui d'Henri IV, qui aimait tant le vin d'Arbois. Eh bien ! dans
le Jura, on laisse les premières gelées passer sur le raisin avant
de le couper.

» Je passe à un autre chapitre.

» Si vous avez une vigne de mauvaise qualité ne l'arrachez pas,
croyez-moi, greffez-la. Une vigne replantée, soit en crossette
soit en racine, ne se reprovigne complétement qu'au bout de
douze ou quatorze ans. Par la greffe, au contraire, si l'opéra-
tion est bien conduite, vous ne mettez qu'un an, deux ans au
plus, à ramener une vigne à son premiet état ; car chaque greffe

donne dans la même année, deux ou trois bourgeons d'un mètre chacun de hauteur, qui par le recouchage forment deux ou trois pieds. Une centaine de greffes par are, bien disséminées, suffisent.

» Un de nos compatriotes francomtois, dont le nom m'échappe, reproduit, dit-on, très-vite la vigne en semant des bosses. Si le fait se confirme, nous devrons faire des essais.

» Enfin, je finis en vous indiquant mon moyen de doubler le produit d'une vigne. Je forme chaque pied de deux espèces différentes, dont l'une se taille en crochets de deux ou trois yeux, et l'autre, en *corgère* de cinq à huit yeux, et je donne à chaque pied un piquet de deux mètres à deux mètres et demi. L'espèce taillée en crochet garnit le bas du pied ; l'espèce taillée en *corgère* garnit le milieu et le haut. J'obtiens ainsi des raisins sur toute la hauteur du pied sans interruption. »

Ces statuts, ces prix, ces extraits de procès-verbaux justifient bien, je crois, l'empressement des hommes de cœur et d'intelligence à rechercher ou à accepter le diplôme de membre de l'Académie de Frotey.

L'Académie de Frotey a mis au monde le 3 mars une fille qui bien vite éclipserait sa mère, si celle-ci ne devait recevoir de celle-là beauté, noblesse, éclat. C'est la succursale parisienne de notre Académie villageoise. La mère et l'enfant se portent bien.

Cette première succursale de l'Académie de Frotey a été fondée chez moi dans une agape simple, mais toute cordiale. Les membres fondateurs qui étaient présents sont : MM. Ch. BERNARD, juge au tribunal de commerce de Beaune, président de la Société d'émulation de cette ville ; BOURGUIN, secrétaire général de la Société protectrice des animaux ; DESSIRIER, professeur de musique ; DUFFET, chef d'institution ; Auguste GROSSELIN, sténographe de la chambre des députés ; Mirza

RÉZA, étudiant persan, fils du consul général de Perse à Erzéroum; SULEYMAN KHAN, conseiller de l'ambassade persane à
Paris; Stanislas GUYARD, étudiant; Auguste GUYARD; Mme Désirée GUYARD et Mlle Hannah GUYARD.

Les membres fondateurs absents, mais qui ont exprimé un
vif regret de leur absence par des lettres pleines de dévouement à l'Œuvre et à l'Académie de Frotey, sont : MM. Antonin
et Charles CATELLAN, pharmaciens; le Dr CHANET; Louis JOUR-
DAN, *du Siècle*; Joseph MOLARD, ingénieur en chef des ponts
et chaussées; Ch. SAUVESTRE de l'*Opinion nationale*.

Mlles Anna FOHR, peintre; Emilie JOHNSTONE, correspondante
du *Morningtar*.

L'Académie succursale a consacré sa première séance à la
formation de son bureau, à la discussion et à l'adoption de
ses statuts; à la nomination de présidents honoraires et des
membres du conseil de direction.

Le bureau est ainsi composé : président, M. Auguste Guyard,
directeur de l'Académie de Frotey; secrétaire général archiviste, M. Duffet; trésorier, M. Bourguin; secrétaire des séances,
M. Stanislas Guyard.

Les vice-présidents restent à nommer.

Ont été nommés présidents honoraires de l'Académie de
Frotey :

Son Excell. M. DROUYN DE LHUYS, ministre des affaires
étrangères;

Son Excell. M. DURUY, ministre de l'instruction publique;

Son Excell. HASSAN ALI KHAN, ministre plénipotentiaire de
S. M. I. le Shah de Perse à Paris;

M. DE LAMARTINE, l'un des fondateurs de l'œuvre.

Ont été nommés membres du conseil de direction :

MM. BELLAGUET, chef de division à l'instruction publique;
Charles BERNARD; Antonin et Charles CATELLAN; le D^r CHA-
NET; Émile DESCHAMPS; DESSIRIER; ERNOULT-JOTTRAL; le D^r
FAIVRE; Louis JOURDAN; JÉRÔME, peintre; Auguste GROSSELIN;

Ernest Lamblot, juge au tribunal de Montbéliard ; Lefebvre, associé de la maison Vilmorin ; le commodore Lynch ; Joseph Molard ; Mirza Réza ; Servaux, chef de division au ministère de l'instruction publique ; Suleyman Khan ; Ch. Sauvestre ; Vallière, ancien sous-préfet ; Vernerey, maire de Frotey ; H. Vilmorin.

Les membres des bureaux de l'académie mère et de la succursale font de droit partie du conseil de direction.

———

J'ai reçu aussi beaucoup de lettres relatives à l'Œuvre en général, toutes pleines de sympathies et d'encouragements ou de bienveillants conseils. qu'il m'est impossible d'analyser ici. Je vous citerai seulement, parmi ces correspondants sympathiques ou dévoués : M. Henri Giraud, président du tribunal civil de Niort, président de la Société d'agriculture des Deux-Sèvres, le digne continuateur de Jacques Bugeault, qui a bien voulu m'envoyer pour la bibliothèque de Frotey, deux journaux populaires qu'il rédige, et dont je vous parlerai tout à l'heure.

M. Bourcart fils, l'un de nos principaux filateurs, le père, l'ami de ses ouvriers, le bienfaiteur de sa commune, qui me demande deux souscriptions à mes lettres, une pour lui, l'autre pour la *Bibliothèque et les Cours populaires* de Guebwilliers qu'il a fondés.

M. le docteur Delaporte, fondateur et président de la Société de secours mutuels de Vimoutiers, qui a bien voulu faire un chaleureux article sur Frotey, dans le *Journal de l'Orne.*

M. Boyer, avocat, mon souscripteur, qui me recommande un traité de l'éducation des pigeons, par Moriot-Didieux, chez Gouin, rue des Ecoles, à Paris. Ce traité réfute victorieusement, dit-il, ce préjugé, que les pigeons nuisent aux récoltes. M. Boyer m'engage donc à fonder à Frotey, pour augmenter ses ressources, un *pigeonnier communal.*

M. Lefebvre-Bréart, auteur d'un excellent ouvrage populaire

d'agriculture (1), et que l'Académie de Nancy à surnommé le *Bernardin de Saint-Pierre des campagnes*. M. Lefevre sous le titre de : *Mes étrennes* à M. GUYARD, m'envoie une charmante pièce de vers dont je détache pour vous ces deux strophes :

> Votre amour pour Frotey, votre gentil village,
> Est celui d'un grand cœur, et Dieu le bénira.
> Vous serez secondé; courage, ami, courage !
> La France vous sourit; votre œuvre grandira.
>
> Car elle est raisonnable autant que sainte et belle ;
> Mais le temps, pas à pas, mène la vérité;
> Faites donc lentement la commune modèle
> Dont le nom sera cher à la postérité.

Enfin les enfants des écoles de Frotey m'ont adressé deux lettres si intéressantes que je ne puis résister au plaisir de vous les citer tout entières avec la réponse que j'y ai faite.

Frotey-lez-Vesoul, le 10 décembre 1863.

« Monsieur Guyard,

» Vos *Lettres aux gens de Frotey*, vos paroles dans nos écoles et surtout les charmants petits livres que M. Bourguin nous a envoyés par vous, nous ont fait comprendre nos devoirs de justice et de reconnaissance envers les animaux domestiques et envers les petits oiseaux.

« Les premiers, en effet, nourissent, vêtent l'homme et l'aident dans la partie la plus pénible de ses rudes travaux. Les seconds, non contents de réjouir nos yeux et nos oreilles par leurs formes, par leurs couleurs, par leurs chants, nous délivrent de myriades d'insectes qui détruisent nos récoltes.

» Pénétrés de ces considérations et résolus d'être désormais

---

(1) *Entretiens familiers sur l'agriculture, l'horticulture et l'arboriculture* à l'usage des bibliothèques scolaires, des chefs d'institution, des cultivateurs, etc. Chez l'auteur, à Raucourt (Ardennes). 3 vol. 6 fr.

toujours *bons pour les animaux,* nous venons, avec tous nos camarades, vous prier de solliciter pour nous l'honneur de faire partie collectivement de la *Société protectrice* dont le beau diplôme encadré ornera notre classe et nous rappellera sans cesse nos bonnes résolutions.

» Nous réaliserons notre cotisation annuelle au moyen d'une retenue sur la paye mensuelle accordée par *l'Œuvre de Frotey* à tous ceux d'entre nous qui sont assidus à notre école.

» Veuillez agréer, monsieur Guyard, les sentiments respectueux et reconnaissants des élèves des deux écoles de Frotey représentés par les décorés soussignés :

Marie *Vernerey,* Marguerite *Drouhin,* Berthe *Drouhin,* Marie *Colombier,* Xavier *Guillemin,* Constant *Rolland,* Claude *Tuaillon,* J.-B. *Lahoupe.*

Approuvé par l'instituteur de Frotey-lez-Vesoul, le 10 décembre 1863.   Bonnamy.

Vu et approuvé par le maire de Frotey-lez-Vesoul, le 10 décembre 1863.   Vernerey.

Frotey, le 31 décembre 1863

A M. Auguste Guyard les élèves de Frotey reconnaissants.

« Quoique bien jeunes encore, nous sentons, Monsieur, nous apprécions déjà vos bienfaits. En ce jour de souhaits, permettez-nous donc de vous adresser les nôtres.

» Que le Seigneur bénisse votre entreprise et la couronne d'un plein succès; qu'il vous accorde, ainsi qu'à votre famille, une santé parfaite, de longues années et cette paix, ce bonheur qu'il réserve à ceux qui, comme vous, savent si bien pratiquer la charité chrétienne; tandis que votre nom, gravé dans nos cœurs sera inscrit à jamais parmi ceux des bienfaiteurs de l'humanité.

« Nous voudrions pouvoir aussi témoigner en cette occasion

notre vive reconnaissance à tous les illustres et puissants patrons de l'Œuvre de Frotey, et en particulier à M. de Lamartine, à M. Suleyman Khan, à M. Dessirier, à M. Bourguin, etc. Nous espérons que vous voudrez bien nous remplacer auprès d'eux et leur faire part des vœux que nous formons tous les jours pour leur bonheur.

» Daignez agréer, monsieur Guyard, l'expression de notre profond respect et de notre affectueuse et vive reconnaissance. »

Ont signé tous les enfants des écoles sachant écrire :

J. *Gruyer*, Constant *Rolland*, Jules *Lamboley*, Aug. *l'Huillier*, J.-B. *Gruyer*, Louis *Duchartre*, Octave *Lepaul*, Ernest *Contet*, Maurice *Hon*, Xavier *Guillemin*, Jean *Gousserey*, Charles *Cabucet*, J.-B. *Lahoupe*, François *Ducret*, Francis *Richard*, Constant *Lahouppe*, Paul *Guiard*.

Marguerite *Drouin*, Marie *Colombier*, Marie *Vernerey*, Juliette *Guyot*, Jeannette *Gousserey*, Monique *Vagnet*, Eliza *Vagnet,* Marie *Chauvez*, Jeannette *Guillemin*, Augustine *Levret*, Delphine *Levret*, Marie *Larget*, Jeanne *Vagnet*, Berthe *Drouhin*, Constance *Rolland*, Clotilde *Vernerey*, Annette *Rolland*, Eugénie *Creuchet*, Marie *Courtoisier*.

Aux petites filles et aux petits garçons
des Écoles de Frotey.

« Je réponds à la fois, mes chers enfants, à vos deux lettres, auxquelles une longue maladie et des affaires pressantes m'ont empêché de répondre plus tôt.

» Merci, d'abord, des vœux désintéressés que vous faites pour ma santé, pour ma famille, pour le succès de mon entreprise. Je vous souhaite aussi, comme à tous nos souscripteurs, une bonne année, une bonne santé, une vie heureuse, dans le petit paradis terrestre d'une *Commune modèle*, et par dessus tout cela, le grand paradis du bon Dieu à la fin de vos jours.

» Ah! mes chers enfants , que votre lettre m'a fait de bien !
car vous ne vous contentez pas de vœux stériles, vous agissez,
en même temps, comme si vous pressentiez ou compreniez déjà
que c'est sur vous que je compte, avant tout, pour le succès;
que vous êtes la première pierre de la *Commune modèle* de
Frotey; que ce sera à vous tous, devenus hommes , à vous
tous, dans 10 ou 15 ans d'ici, d'achever l'œuvre de civilisation
villageoise que nous aurons commencée ensemble.

» Recevez donc mes félicitations pour votre demande collective d'admission dans la Société protectrice des animaux, et
pour les considérations si justes que votre lettre renferme. Combien je suis heureux de vous voir ainsi profiter de mes courtes
leçons de passage ; des enseignements quotidiens si zélés de
votre digne instituteur, M. Bonnamy ; et surtout de la lecture
des livres de l'excellent M. Bourguin, cet ami si savant, si spirituel et pourtant si modeste, des enfants et des animaux!

Vous souvient-il du si doux François d'Assise, ce saint
aimeur de toute la création, qui appelait les petits agneaux ses
frères et les hirondelles ses sœurs? Ce vrai saint avait raison,
mes enfants, les animaux sont en effet les parents de l'homme,
auquel ils ne sont inférieurs que par un arrêt de développement
du corps qui chez eux empêche le développement de l'intelligence.

» La Société protectrice a été si émue de votre belle lettre et
de votre plus belle action, qu'elle voulait, dans un premier mouvement, vous dispenser de votre cotisation annuelle. Mais elle
a craint de diminuer ainsi votre mérite et s'est bornée, pour
l'heure, à vous témoigner son contentement et son estime en
faisant encadrer à ses frais vos diplômes dans deux beaux ca-
dres dorés. Je suis bien sûr qu'au mois de mai prochain, la Société dont un véritable homme de bien, M. le vicomte de Valmer,
est le président, et dont notre ami M. Bourguin est le secrétaire général, ne vous oubliera pas dans la distribution de ses
récompenses, car elle a compris toute la portée de l'initiative que

vous venez de prendre. En effet, mes enfants, si votre exemple était suivi par les 80,000 écoles communales de France; si les milliers d'enfants qui les fréquentent s'obligeaient, comme vous, au scrupuleux respect des nids et de la vie des petits oiseaux, la fortune de notre pays en serait augmentée chaque année d'un demi-milliard de francs au moins, dévoré en herbe par les hannetons, les chenilles et mille autres sortes d'insectes. Elle a compris surtout l'immense bénéfice moral que la société tout entière retirerait de cette heureuse révolution dans les mœurs barbares des enfants des campagnes. L'habitude de la cruauté envers les bêtes rend bien plus facile la cruauté envers les gens. L'association intelligente et généreuse qui s'est donné pour mission de nous enseigner nos devoirs envers les animaux est donc bien plus protectrice des hommes qu'on ne pense.

» En attendant le mois de mai, je vous envoie, chers enfants, mes petites, mes pauvres étrennes, des *cartas* (1), des porte-plumes, des crayons, des joujoux et des bonbons, voulant ainsi mêler l'utile à l'agréable et traduire en choses ces paroles d'un sage : » La racine de la science est amère, mais les fruits en sont doux. »

» J'envoie deux cornets de bonbons en plus, pour celle et pour celui qui devineront quels objets, d'entre vos étrennes, signifient *racine* et quels, *fruits* (2).

» Pour vous dédommager des œufs d'oiseaux que vous ne *soufflerez* plus ce printemps, dans les vergers, dans les buissons, au bois et dans les blés, je vous enverrai, à Pâques, de jolis œufs de Paris, en sucre, de toutes les couleurs. Ceux-là, vous pourrez les manger sans cruauté et sans crainte d'appauvrir la France.

» Je vois avec bonheur aussi que votre cœur a bonne mé-

(1) Cartons à serrer les cahiers, les livres, etc.
(2) Le jeune Lahouppe (J.-B.), m'a écrit, qu'il avait deviné ma petite énigme et gagné l'un des cornets.

moire ; que vous pensez à tous nos bienfaiteurs et particulière-
ment à ceux qui vous ont fait l'honneur de vous visiter, ou vous
ont témoigné un intérêt plus amical. Très bien, mes enfants, la
reconnaissance est la marque des nobles natures.

» Vous n'oublierez donc jamais que M. Dessirier, quittant pendant près d'un mois ses occupations à Paris, a bien voulu venir
vous enseigner la musique vocale, ce moyen si puissant d'adou-
cir les mœurs, et de civiliser les campagnes, — parce que rien,
autant que la musique ne développe le sentiment religieux ; —
qu'il vous a appris en quelques jours, par son incomparable
méthode, l'harmonie matérielle des voix, qui suppose ou produit
nécessairement l'accord des âmes.

» Vous n'oublierez jamais non plus que le 4 mai dernier, Suleyman Khan, ce noble et généreux enfant de la Perse, a fondé
avec vous, avec madame Isoard, M. de Lamartine et moi, notre
Commune modèle, à laquelle il a constitué entre mes mains une
petite rente. C'est pourquoi vous porterez toujours avec gratitude
et respect, n'est-ce pas, les deux splendides croix persanes
qu'il a données pour les enfants de bonne volonté qui persévè-
rent dans le bien. Elles vous rediront à tous les instants, ces
deux belles croix de persévérance, ces paroles que disait hier le
vénérable évêque de Versailles à deux jeunes musulmans et à
un libre croyant qui lui baisaient les mains : « C'est de l'Orient
que nous vient toute lumière. » L'Orient est en effet, vous le
savez, le pays du Christ et de l'astre du jour.

» Je ne vous ai point encore expliqué, mes enfants, ce que
doivent symboliser pour vous ces deux croix persanes ornées
d'une figure de femme appuyée sur un soleil rayonnant. Le
soleil veut dire que les ténèbres de l'erreur, des passions,
des préjugés, de la superstition se dissiperont un jour aux
rayons de la vérité, de la religion, de la raison, de l'*émancipation intellectuelle et morale*.

» La figure féminine signifie que d'une femme est né le soleil
des âmes, et que la femme, pure, éclairée, religieuse, — comme

les deux grandes dames (1) qui ont béni de leurs sourires la fondation et l'inauguration de l'Œuvre de Frotey, — a seule puissance pour régénérer l'humanité.

» Enfin n'oubliez jamais que votre bon ami M. Bourguin vous a initiés à un nouvel ordre d'idées et de sentiments, qu'il pense à vous et parle de vous sans cesse ; que l'Œuvre de Frotey le préoccupe autant que moi et que, s'il n'a pas encore pu vous aller voir, son plus grand désir est de vous embrasser bientôt.

» Et maintenant, bon jour, mes enfants, et une fois encore bonne année. Chacun de vos jours sera bon, croyez-moi, et chacune de vos années, heureuse si vous êtes bons vous-mêmes, c'est-à-dire bien portants, instruits et vertueux.

» Je vous embrasse tous paternellement sur le front du jeune garçon et de la jeune fille qui portent en ce moment la croix de persévérance. »   AUGUSTE GUYARD.

P. S. « Une lettre de votre excellent instituteur m'apprend que vous chantez maintenant à l'église, au grand plaisir des fidèles, des chœurs à trois parties, et qu'à Pâques vous chanterez votre première messe en musique. M. Bonnamy me dit encore que vous allez bientôt vous mettre aux morceaux d'harmonie dont vous vous proposez de régaler les oreilles des personnes qui assisteront cette année à notre seconde distribution des prix sur le *Cannechevaux* transformé, avec votre aide, en *Jardin de l'Académie et des Écoles.*

» De votre part, maintenant rien ne m'étonne. Je suis sûr même que, d'ici au 15 août prochain, vous vous serez corrigés, je ne dis pas du traîner ridicule de la prononciation francomtoise, de ces *las moi !* sans fin qui faisaient tant rire ma fille ; — ce serait trop difficile en si peu de temps, — mais au moins de cette affreuse manière d'ouvrir les é fermés qui gâtaient

(1) Mme Sophie Isoard et Mme la baronne Tharreau.

en vérité l'an passé le plaisir de vous voir jouér si gentiment la comédie.

Oh ! défaites-vous bien vite de ce vilain défaut; défaites-vous en, d'abord, par horreur du laid et par amour du beau; et puis par égard pour l'ouïe délicate des généreux amis de Frotey, dames et messieurs, qui, de Paris et d'ailleurs, m'annoncent leur intention de venir cette année vous voir et vous entendre. Vous ne voudriez pas qu'il s'en retournassent les oreilles écorchées par vous.

Parmi ces gens de bien qui ne craindront pas de faire un si long voyage pour vous rendre visite, je vous présente, d'ici, M. Auguste Grosselin, sténographe de la Chambre des députés, qui, de même que M. Bourguin, son parent, vous aime avant de vous connaître. Il veut aller vous apprendre, en une seule leçon d'une heure, une langue des gestes presque aussi rapide que la pensée, au moyen de laquelle vous pourrez causer avec les sourds-muets du pays et converser entre camarades d'un bout du village à l'autre. Il vous initiera également, en une seule séance, à l'art d'écrire aussi vite que vous parlez (1), et, du même coup, à l'ingénieux moyen de vous faire vos dictées à vous-mêmes, et d'apprendre seuls ainsi, en peu de temps, l'orthographe de l'œil par l'orthographe de l'oreille. Enfin, il vous donnera sa manière si facile de retenir, à tout jamais, les dates historiques généralement aussi vite oubliées qu'apprises.

M. Grosselin a déjà enseigné ses méthodes en Suisse, dans plusieurs écoles normales et dans plus de quarante salles d'asile à Paris. Stanislas, Madeleine et le petit Hussein-Khan mon élève, parlent très-vite la langue des gestes et peuvent l'enseigner,

Fatigué d'écrire cette longue lettre, que vous serez peut-

____

(1) Ceci ne veut pas dire que M. Grosselin fait des sténographes dans une leçon, mais seulement qu'il enseigne dans une heure l'alphabet sténographique.

être plus fatiguées de lire, je m'arrête ici pour aujourd'hui. Un de ces jours, mes chères amies, je vous enverrai la fin du compte rendu des progrès de l'Œuvre de Frotey pendant ces cinq derniers mois. AUGUSTE GUYARD.

Bulletin de l'Œuvre de Frotey (Suite).

Mon travail, mes chères amies, a un double but : d'abord et surtout celui de répandre par la voie de la presse cette idée qu'il faut réformer les sociétés, non par des secousses révolutionnaires, mais par des évolutions pacifiques; non par ces systèmes absolus qui veulent refondre la société d'un bloc, mais par l'amélioration, pas à pas, des éléments constitutifs des sociétés : l'individu, la famille, la commune.

Voilà mon but général et principal. J'en ai ensuite un autre spécial, accessoire : faire le bonheur du cher petit village où nous sommes nés, vous et moi, en le transformant en une *Commune Modèle* par la concentration à Frotey, des progrès accomplis partout, des institutions sanctionnées par le temps et l'expérience.

Si vous l'aimez mieux, je n'ai qu'un but poursuivi par deux moyens simultanés et parallèles : la théorie et la pratique. S je me fusse borné à prêcher la Commune Modèle, on m'eût répondu : Utopie ! Je devais donc m'appuyer sur un exemple et j'ai fondé l'*Œuvre de Frotey*, en même temps que je publiais ma première lettre.

Pour démontrer la supériorité de la volonté sur la puissance de la fortune, j'ai débuté avec zéro santé, zéro argent, zéro temps, zéro liberté, zéro science sociale, zéro talent peut-être, mais avec la certitude que ces six zéros précédés d'un vouloir, appuyé sur la foi en la Providence, feraient le million que je supposais nécessaire à l'organisation complète d'une Commune Modèle.

Mais qu'ai-je besoin de millions? Je ne demande aujourd'hui à Dieu que dix ans de vie encore, aux hommes, que mille souscripteurs à 10 fr. pendant ces dix années, soit à mes livres, soit au petit journal hebdomadaire : La COMMUNE MODÈLE, que je voudrais bientôt fonder. Dans l'intérêt de l'Œuvre générale, qui doit passer avant celui de l'Œuvre particulière, ne vaut-il pas mille fois mieux créer la commune type avec rien ou presque rien, que de la faire avec des millions? Ma démonstration sera ainsi sans réplique, et laissera sans excuse les riches de temps et d'argent, qui hésiteraient d'accourir sous la bannière de la Commune Modèle et d'y inscrire, à côté de la devise : *Qui veut peut,* cette autre : *Qui peut doit.*

Jusqu'ici, mon œuvre théorique et mon œuvre pratique ont un succès qui dépasse mon espérance. Elles rayonnent ensemble, comme la chaleur et la lumière d'un large foyer ; elles grandissent et embellissent à vue d'œil comme deux jumelles adultes nées d'une mère belle, saine et bien constituée.

L'idée générale de la Commune Modèle, a reçu de la presse en France, en Algérie, en Angleterre, en Belgique un accueil empressé. Voici les journaux qui, à ma connaissance, en ont parlé depuis quatre mois.

L'Opinion Nationale du 17 octobre 1863, consacre à Frotey un second article aussi chaleureux et aussi long que celui du 12 août précédent; et mon excellent confrère et ami Ch. Sauvestre, m'a promis que ce n'était point son dernier mot.

D'Alger, mon non moins excellent confrère et ami, Louis Jourdan, a envoyé au journal le *Siècle* deux colonnes pleines de flammes dont j'aurais bien voulu détacher quelques étincelles, si l'espace me l'eût permis. Cet article a paru le 5 janvier dernier sous cette rubrique: *Une Commune Modèle.* Louis Jourdan m'a promis un autre article dans le *Petit Journal,* qui se tire, dit-on, à plus de cent mille exemplaires.

Le Progrès par la science, journal quotidien de Bruxelles dont un savant ingénieur francomtois, M. Auguste Morel, a fait l'intelligent et pacifique organe des classes laborieuses, dit, dans un article avant-coureur :

« Quand nous parlons d'initiative individuelle, on nous répond : utopie ! Quand nous écrivons que l'intervention de l'État est inutile et que la bonne volonté suffit, on nous crie: rêveur ! Quand nous faisons appel à toutes les bonnes volontés, en vertu de ce simple principe : *Aide-toi, le ciel t'aidera*, on nous répond : impossible ! Voici des faits :

» Dans un petit village de Franche Comté, il s'est trouvé un homme comme il n'y en a point assez, qui s'est mis en tête de faire de sa commune un modèle, un type que toutes les autres communes puissent imiter, sans rien perdre de leur originalité.»

Suit l'exposé de ce qui est déjà réalisé à Frotey.

« Voilà qui nous paraît infiniment plus clair que tous les raisonnements et toutes les dénégations; ce n'est plus de la théorie, c'est de la pratique et de la bonne. Honneur aux communes qui produisent de tels hommes ! Honneur aux hommes qui ont de telles idées avec la volonté et la persévérance nécessaires pour les mener à bonne fin en si peu de temps ! »

Auguste MOREL.

Le Messager des villes et des campagnes, de Bruxelles, et le *Journal de Bruges* ont tous les deux reproduit dans son entier, l'article du *Progrès par la science*.

L'Akbar d'Alger, du 14 mars courant, reproduit intégralement aussi le même article.

Le Morning Star, l'un des grands journaux politiques de Londres, parle longuement et avec enthousiasme de la *Commune Modèle* de Frotey, dans son numéro du 8 janvier dernier.

Le Journal de la Charente, fondé et dirigé par le savant Dr Amédée Pâris, dans une pensée d'émancipation intellectuelle de la Province, a déjà publié deux grands articles sur Frotey.

L'Écho des Vosges du 14 novembre dernier après avoir exposé ce qui s'est déja fait à Frotey ajoute:

« Voilà certes de beaux résultats. Si nous étions encore au

bon temps où une fée bienfaisante pouvait d'un geste accomplir les souhaits de ses protégés, on dirait : il n'y a rien d'éton-
nant, la fée Bonne a opéré toutes ces merveilles de sa baguette
magique. De modernes fées, aussi puissantes que les anciennes,
ont aidé M. Guyard dans sa grande entreprise; on les nomme
intelligence, volonté, activité, persévérance... » Vacca.

La *Fraternité*, journal populaire des sociétés de secours mutuels et de la société du Prince Impérial : Le *Prêt de l'enfance
au travail*, signale les *Lettres aux gens de Frotey* parmi les ou-
vrages dignes de figurer dans les bibliothèques populaires.

Cet excellentissime journal est rédigé par M. Henri Giraud,
président du tribunal de première instance de Niort et ne coûte
que 3 fr. par an. Je vais prendre six abonnements à la *Fraternité*, quatre pour Frotey, un pour Quincey et un pour Colombe.

M. Giraud m'a promis de parler aussi de mes *Lettres* dans
son *Maître Jacques*, le journal de la société d'agriculture des
Deux-Sèvres, qu'il veut bien nous envoyer également pour
notre bibliothèque.

Le *Cultivateur Charentais*, journal bi-mensuel d'agriculture
et d'horticulture, consacre à Frotey une série d'articles fort
longs sur le ton de cet extrait.

...« Non loin de nous, s'accomplit l'une des œuvres les
plus grandes, les plus civilisatrices et les plus chrétiennes qui
se soient vues jusqu'à ce jour. La *Commune Modèle* n'est point
une utopie, elle existe; elle se nomme Frotey-lez-Vesoul. Cette
œuvre d'une âme vraiment religieuse, ne trouve d'égale, dans
le passé, que dans l'œuvre sublime de saint Vincent de Paul. »

Le *Cultivateur Charentais* a pour rédacteur en chef M. Gouguet, membre d'un grand nombre de sociétés savantes, et l'un
des fervents apôtres de la *Commune Modèle*. M. Gouguet a fait
don à Frotey des cinq premières années de son excellent recueil
et continue à nous l'envoyer régulièrement.

Le *Journal de l'Orne*, dirigé par mon honorable compatriote

M. Barbier, publie dans son numéro de 11 février dernier, le prospectus de l'Œuvre de Frotey précédé d'un très-bon article du vénérable Dr Delaporte, fondateur et président de la société de secours mutuels de Vimoutiers.

Le *Bulletin de la Société protectrice des animaux*, signale avec bienveillance aux membres de cette Société l'Œuvre de Frotey, et publie sous ce titre : *Les petits protecteurs*, la lettre des enfants de nos écoles demandant à faire partie collectivement de la *Société protectrice*.

La *Franche-Comté*, journal quotidien de Besançon, que dirige avec tact et talent M. Dodivers, a publié *in extenso* mon prospectus et reproduit un long article du *Journal de la Haute-Saône* sur Frotey.

Le *Courrier de la Montagne* de Pontarlier, entièrement dévoué à la *Commune Modèle*, a reproduit en feuilleton ma troisième *Lettre aux gens de Frotey*.

Enfin le *Journal de la Haute-Saône* consacre presque tout entier à la *Commune modèle* un de ces remarquables premiers-Vesoul, où son réd. en chef, M. Filingre, l'un des amis de Just Muiron, sait toujours, avec un si grand bonheur d'à-propos, mêler aux faits politiques ou sociaux qu'il raconte, les considérations générales qui servent à les éclairer. Je regrette vivement d'être obligé de tronquer cet article par la suppression des beaux développements qu'il renferme.

« Les spéculateurs impatients de faire le bonheur du genre humain, ne manquent point, Dieu merci, en notre temps. Chercher dans le monde des hypothèses un refuge contre les attristantes réalités de la vie, cela est naturel, et pour peu qu'on ait d'imagination, on trouve toujours bien le moyen de transformer notre planète en Eden. Mais entre le système construit dans la solitude du cabinet et son application, quelle énorme distance ! On invente des théories qui n'ont rien à se reprocher devant la raison et la logique ; mais voici le monde implacable des faits, contre lequel viennent échouer votre logique, votre philosophie et toutes les spéculations de votre science économique. Que nous en avons vu crouler de ces magnifiques théories de rénovation sociale ! Quel sardonique démenti la réalité est venue infliger aux réformateurs les mieux intentionnés !...

» La moralité de tout cela, c'est qu'on n'improvise point les régénérations sociales, et qu'un coup de baguette ne suffit point pour faire passer le genre humain à un développement supérieur. Une défaillance fatale attend les réformateurs trop pressés. ... Il en est de la Genèse des sociétés et des civilisations comme de celle du monde extérieur : l'une et l'autre exigent l'action du temps, et un développement successif.

» Pour faire le bien il ne faut point essayer de jeter les sociétés toutes vivantes dans le moule d'une théorie nouvelle ; il faut de la modestie dans les projets de réforme. Nous trouvons cela dans l'œuvre entreprise par M. Auguste Guyard où il entend faire marcher de front les améliorations morales et les améliorations matérielles. C'est là une fort bonne idée...C'est le progrès bien compris et sagement organisé... M. Guyard a le mérite d'une noble et généreuse initiative ; qu'il réussisse, et la cause de la civilisation au village sera gagnée ; l'imitation se propagera de commune en commune, elle fera le tour de la France. La réforme de la Commune, c'est la réforme du Monde. »

Filingre.

D'éminents publicistes ont aussi acclamé la Commune-Modèle. M. P. Gosset, le savant et courageux réformateur de la banque de France, préconise en termes chaleureux la commune émancipée de Frotey, dans sa récente brochure : *La ligue de la réforme financière.* Nous recommandons cette brochure à nos lecteurs, ainsi que le livre de M. Gosset : la *Banque de France expropriée pour cause d'utilité publique*, etc.

M. Auguste Lehot, avocat, auteur des *Premiers éléments de*

la civilisation et du bien-être, livre plein de vues profondes, de sentiments généreux, d'esprit et d'originalité, m'écrit :

« Je viens de lire, Monsieur, avec le plus grand intérêt, vos quatre premières *Lettres aux gens de Frotey*, et je me fais honneur de souscrire à votre œuvre. Je la crois bonne à tous égards, pleine d'avenir, et l'exemple que vous donnez mérite d'être suivi.

« Je vous enverrai prochainement plusieurs exemplaires de mon ouvrage pour votre bibliothèque et la prochaine distribution des prix aux élèves de vos écoles. »

La *Revue littéraire de la Franche-Comté*, qui compte parmi ses rédacteurs : MM. le prés. Bourgon, Max Buchon, Lancrenon, X. Marmier, Pérennès, Quérard, Ch. Viancin, Ch. Weiss, etc., annonce mes *Lettres aux gens de Frotey*. Je recommanderais cette revue si les noms de ses rédacteurs ne la recommandaient pas mieux que mes éloges.

De différents côtés on se dispose à faire des essais de commune-modèle.

M. le capitaine Grosjean, l'un de mes plus zélés coopérateurs, va se mettre à l'œuvre dans la Meuse, encouragé dans son projet, par une lettre de M. Chadenet député de ce département, « qui verrait avec satisfaction une commune modèle s'établir dans la Meuse, et rayonner le progrès autour d'elle. »

M. Auguste Grosselin va faire, avec ses amis, une même tentative aux environs de Paris, dans Seine-et-Oise, arrondissement de Corbeil.

Enfin, M. Galmiche, inspecteur des forêts, veut honorer et embellir les loisirs de sa retraite en imitant, dans une petite commune de la Haute-Saône, ce qui se fait à *Frotey*.

L'œuvre spéciale ne reçoit pas moins d'encouragements que l'œuvre générale. M. le préfet de la Haute-Saône m'écrivait, le 25 novembre dernier :

« Vous m'avez demandé, Monsieur, de vous faire connaître mon appréciation sur l'œuvre de *civilisation rurale* que vous avez entreprise, pour faire à Frotey-lez-Vesoul, votre village natal, une *Commune Modèle.*

» Je m'empresse de rendre hommage à la loyauté de vos intentions et à la persévérance désintéressée avec laquelle vous poursuivez le but que vous vous êtes proposé.

» Moraliser les populations par le travail et le développement des connaissances utiles ; améliorer le bien-être des classes pauvres par la création d'établissements hospitaliers, c'est là un programme dont tous les hommes de bien doivent souhaiter la réalisation.

» Je ne puis donc que faire des vœux pour que les difficultés matérielles d'une pareille entreprise n'en entravent point la marche.

» Agréez, Monsieur, l'assurance de ma considération très-distinguée. »

Baron THARREAU.

De son côté, M. Vernerey maire de Frotey, faisait, le 5 novembre dernier, devant son conseil municipal le si bienveillant exposé qui suit :

« Messieurs, La grande idée de M. Auguste Guyard de transformer Frotey en *commune modèle* a déjà fait le tour du monde. De tous les points de l'horizon lui viennent des encouragements et des adhésions. Des écrivains amis de l'humanité mettent l'œuvre en lumière, en exposent le but et la portée ; qu'ils en reçoivent ici mes plus sincères remercîments.

Cette œuvre rencontrera sans doute bien des indifférents ; mais des détracteurs, aucun. Comment oserait-on susciter des entraves à un homme de bien qui consacre généreusement le reste de sa vie à doter sa commune natale d'établissements utiles, à y répandre l'instruction, le bien-être, à y éteindre les haines, les procès, à en faire, en un mot, une *Commune Modèle.*

» D'excellentes choses sont déjà réalisées : l'instruction gratuite, l'établissement d'une bibliothèque comme n'en possède encore aucune autre commune rurale, la distribution de prix à tous les degrés aux maîtres et aux élèves, etc. M. Guyard, qui a principalement en vue le bien-être moral de ses concitoyens, ne veut pas non plus négliger leur bien-être matériel. Il vient de faire don à la commune de cinq instruments aratoires : un extirpateur, un rouleau brise-mottes, une herse articulée, une houe à cheval et un buttoir, qui rendront de grands services à l'agriculture. Il a fait don aussi récemment d'une très-belle pharmacie confiée aux soins de M. le docteur Rosen qui en disposera en faveur de tous les malades de la commune.

» Enfin M. Guyard demande d'être autorisé à planter en arbres fruitiers le communal dit *Cannechevaux*.

» Je n'ai pas besoin, Messieurs, de vous dire que M. Guyard, dont vous connaissez le désintéressement, ne revendique aucun droit, ni sur le sol planté, ni sur les produits futurs, sol et produits qui resteront propriétés communales.

» Le conseil communal partage complétement les vues exposées par M. le maire et vote avec empressement l'autorisation demandée par M. Auguste Guyard.

» Ainsi délibéré à Frotey, etc. Ont signé : MM. Gousserey, Drouhin, Lordière, Guiard, Joignot, Lordière et Vernerey. »

Pour copie conforme, le maire, Vernerey.

J'ai reçu pour nos deux bibliothèques et pour nos écoles :

De son Exc. M. le ministre de l'agriculture, une trentaine d'énormes volumes.

De Mgr Mabile, évêque de Versailles, son portrait mi-corps pour notre petit musée et 40 fr. pour la plantation du Cannechevaux.

De M. le comte Henri de Montépin, 10 fr. pour la plantation de Cannechevaux.

De la *Société pour l'instruction élémentaire*, d'après la

bienveillante initiative de M. Francolin, son secrétaire général, 25 exemplaires de la méthode de lecture de M. Jomard,
de l'Institut, et 40 exemplaires des chœurs de M. Gounod.

De M. le Dr Juge, 2 exempl. de sa brochure : *les Chemins
à roulettes* ou la question des chemins de fer vicinaux, résolue
par un nouveau mode de locomotion individuelle et populaire.

De M. Lefebvre-Bréart : les trois volumes de son excellent
traité d'agriculture et d'horticulture, honoré de nombreux rap-
ports d'académies et de plusieurs médailles d'or.

De la maison Vilmorin, un exemplaire de son bel ouvrage :
Les fleurs de pleine terre.

De l'administration du *Magasin pittoresque*, l'histoire de
France illustrée, en deux volumes, et une année du *Magasin*

De M. Paul de Rattier, de Bordeaux, deux exemplaires de
son journal hebdomadaire l'*Étincelle*. Cette feuille spirituelle a
une portée religieuse, philosophique et morale que je souhaite
aux petits journaux parisiens.

Enfin, de M. X. Marmier, conservateur de la bibliothèque
Sainte-Geneviève, neuf volumes de ses œuvres, — voyages et
romans, — œuvres pleines d'honnêteté qui, outre le rare mérite
d'un beau style, ont celui plus rare encore de pouvoir être lues
sans danger par les adolescents.

M. Clouzet, de Bordeaux, m'a promis, pour Frotey, son
journal d'éducation et la collection de ses livres d'enseignement si courts, si clairs et si méthodiques.

M. Horeau, notre savant architecte, qui expose en ce moment, 3, rue Scribe, son nouveau modèle de théâtre pour une
grande ville, m'a aussi promis un exemplaire de son grand
ouvrage sur l'Egypte. C'est un immense in-folio, avec plan-
ches magnifiques, du prix de 100 fr.

J'ai reçu en outre :

De la grande aumônerie, pour l'église de Frotey, par la bienveillante entremise de Mme de Curton, un grand ciboire en
argent portant ces mots : donné par l'Empereur.

De **M.** Moissenet, le savant professeur de l'École des Mines, un premier envoi de **45** échantillons de la collection de minéraux qu'il daigne organiser lui-même pour notre muséum d'histoire naturelle et pour servir à un cours élémentaire de géologie appliquée à l'agriculture.

De M. Marchal (de Lunéville), pour notre musée artistique, plusieurs dessins originaux rapportés de ses voyages en Chine qui ont paru dans l'*Illustration*.

De M. Donnaud, mon imprimeur, l'offrande gracieuse de 300 diplômes pour l'Académie de Frotey.

De la maison Guillard, fournisseur du Prince impérial, une collection de joujoux pour les étrennes des enfants de nos écoles.

Mlle Fohr, jeune peintre fort distinguée, a presque terminé la sainte Elisabeth grandeur naturelle, qu'elle destine soit à l'église, soit au musée de Frotey. Nos souscripteurs de Paris recevront bientôt des invitations pour visiter cette belle toile.

Cinquante nouveaux souscripteurs à mes *Lettres* sont venus, depuis novembre dernier, me prêter l'efficace appui de la finance, dont cinq à titre de bienfaiteurs, les autres à titre de coopérateurs.

Bienfaiteurs : MM. le commodore Lynch, Georges Matthey, Jh. Molard, Mirza Réza, Ch. Thompson.

Coopérateurs : Mesdames Breschot, Brune, comtesse de Burcq, de Curton, Marie Holynska, Populus, Rosti, Thoriac et Mlle Marie de Veimars.

MM. Abbas Khan, Berger, Barbet chef d'institution, Bauban négociant, Ch. Bernard, Bertin, Léon Bergonier, Bouvyer, Bourel, Bourart manufacturier, Boyer avocat, Clairefond négociant, Chodsko professeur au Collége de France, Créhange président de l'*Assistance Israélite*, docteur Delaporte, Disdier avocat, Dornier inspecteur des écoles, Escale (Fidèle de l'), Aimé Gallier négociant, Galmiche inspecteur des forêts,

Garcin de Tassy de l'Institut, Aug. Grosselin, Hébert chef d'inst., Joffroy, Jourdeuil, Lamarche, Lambouriou mécanicien, Ledoux, Manier instituteur, Moissenet professeur à l'Ecole des Mines, Nicolas, Pisson propriétaire, Pattey négociant, Roger, Rouge receveur de l'enregistrement, Saiomon, docteur Savardan, Trépagne notaire.

La mort nous a enlevé deux coopérateurs zélés : Mlle Delafollie, une sainte de la libre pensée et M. Ch. Longchamps, savant archéologue, avocat au barreau de Vesoul, vice-président de la Société d'agriculture de la Haute-Saône. C'était un esprit élevé, un cœur noble et généreux.

Deux très-honorables familles de Vesoul, dévouées aussi à l'Œuvre de Frotey, la famille Galmiche et la famille Suchaux, ont été bien cruellement éprouvées par la mort d'une jeune femme accomplie, de Mme Suchaux, née Galmiche. Ne pleurons pas, car pour les âmes honnêtes, la mort est un splendide épanouissement de la vie.

Depuis un an bientôt, mes chères amies, l'*Œuvre de Frotey* vit chrétiennement au jour le jour, des sympathies et de la confiance si honorables d'environ 150 souscripteurs qui sont pour moi la crème des cœurs généreux et des esprits au loin clairvoyants. Ces sympathies, cette confiance, m'ont soutenu aussi moi-même dans mes travaux, dans mes luttes et dans les tentations de découragement qui, de temps en temps, viennent éprouver la plus robuste foi. Ce qui m'a puissamment soutenu encore, c'est le dévouement absolu de ma famille à mon œuvre. Je ne veux point parler ici de notre vénérable père et de notre frère Stanislas, qui ont fondé l'œuvre avec moi et qui sont à elle cœur et bras ; mais de ma femme et de mes enfants.

Ma chère Désirée, elle, est dévouée entre toutes ; elle ira cette année aider à préparer la solennité du 15 août ; Hannah se dispose à donner un pendant à la sainte Elisabeth de Mlle Fohr pour l'église ou le musée de Frotey ; Méloé traduit

de l'anglais pour nos écoles, des petits livres d'enseignement;
Antony consacre à l'œuvre les prémices de ses découvertes en
chimie, un violet nouveau inaltérable, quinze fois meilleur
marché que les violets en usage; Stanislas ira aider aux chœurs
de la prochaine distribution des prix ; Sarah échange en
Angleterre des leçons de piano contre des guinées dont
Frotey aura plus que la dîme; la petite Madeleine a voulu
mêler ses bonbons de nouvel an aux étrennes des enfants
des écoles. Tous enfin, à l'exception de Madeleine, trop
jeune encore, ont sollicité le diplôme de membres correspondants de l'Académie de Frotey, afin de contribuer pécuniaire-
ment chaque année au développement de l'œuvre, par une
cotisation de 10 francs chacun.

Vous terminez votre lettre en regrettant avec tristesse,
comme vous le faites souvent, que j'aie modifié bien des
croyances de ma jeunesse et vous laissez percer vos craintes
affectueuses pour mon salut. Cessez, je vous en conjure, mes
chères amies, les regrets et les craintes. Si nous sommes divi-
sés sur des points secondaires, ne sommes-nous pas toujours
unis dans les principes essentiels? Si nous ne communions
plus dans notre petite foi d'enfant, ne communions-nous pas
toujours dans la même grande foi en Dieu, en la fraternité
des hommes, en l'immortalité de l'âme, qui est le salut même
quand on y conforme sa conduite?

Or, ainsi que vous, excellentes amies, j'ai consacré ma vie
à Dieu et à l'humanité. Ainsi que vous, par la continuelle pensée
de la mort mêlée à toutes mes actions, comme le sel de la sagesse, je me prépare chaque jour à entrer dans cette vie im-
mortelle où nous a précédés notre sainte mère, où Désirée et
moi précéderons nos enfants.

Ainsi donc, plus de ces regrets, de ces craintes, de ces
tristesses dont sourirait notre chère maman, si tout cela
n'empoisonnait votre vie. Ah! que n'entendez-vous cette
bonne mère crier au fond de vos consciences comme je l'entends

au fond de la mienne : « Chers enfants, employez donc à vous aimer le temps que vous perdez à discuter sur des dissidences d'opinions inévitables sur la terre. Vivez en paix dans l'amour de Dieu et des hommes, et quand la mort viendra vous séparer pour un instant, prenez rendez-vous dans mes bras. »

Votre frère, votre médecin et votre ami qui vous aime et vous embrasse de tout son cœur.   Auguste Guyard.

P. S. Je reçois à l'instant une lettre de son Excellence M. le Ministre des Affaires Étrangères, par laquelle M. Drouyn de Lhuys me remercie de lui avoir dédié ma 5e lettre, qu'il lira, dit-il, avec le plus vif plaisir. Son Excellence termine ainsi :

... » Je suis aussi très-heureux d'apprendre que l'Académie parisienne de Frotey m'a choisi pour l'un de ses présidents d'honneur. C'est une distinction que j'accepte avec reconnaissance et je prie l'Académie d'en recevoir mes remercîments. »   Drouyn de Lhuys.

Un nouvel ami de Frotey, qui ne veut pas être nommé avant d'avoir fait ses preuves, s'occupe d'organiser un concert au profit de *l'Œuvre de Frotey.* Le célèbre chef d'orchestre, M. Pasdeloup lui a promis son concours, si nous pouvions placer ce concert sous quelque haut patronage. Or, M. Pasdeloup est engagé, car nous plaçons notre concert sous le patronage de la plus grande dame de France, de Navarre et d'ailleurs, sous le patronage infatigable de sa très-gracieuse Majesté : la divine Providence.

Avis. Un inventeur universel, *M. Foucault,* ouvre lundi prochain, chez M. Moreau, 4 faubourg Montmartre, à 8 heures 1/4 du soir, un cours de physiologie et d'anatomie comparées au moyen de pièces de sa fabrication. Avec M. Foucault, lecteur, croyez-moi sur parole, vous apprendrez pour 10 fr. en trois ou quatre séances et en vous amusant, plus de choses vraiment intéressantes et utiles, que n'en apprend un pauvre bachelier en 10 ans et pour 10,000 fr. De plus, vous rendrez service à un inventeur du plus grand mérite.

M. Foucault irait faire un cours à Vesoul s'il était assuré d'avance de 300 souscripteurs à 10 francs.

AUX GENS DE FROTEY.

—

De l'Émancipation Intellectuelle et Morale.

> » Faire des hommes et pas seulement des bacheliers. »
> NAPOLÉON III.

> « Je me défie de tous mes préjugés «
> FÉNELON.

La voici enfin, mes amis, cette leçon depuis si long-temps promise. Mais si elle vient tard, du moins vient elle à propos.

De tous côtés, en effet, les voix et les échos ne répètent qu'un mot : liberté; ne demandent qu'une chose : la liberté; comme si nous ne jouissions plus de ces larges franchises de 89 qui ont détrôné tant de despotismes, de superstitions, de préjugés, d'abus; qui ont popularisé les sciences, les lettres, les arts, l'industrie, la propriété, le bien-être et fait du peuple français, par le suffrage universel, un peuple de rois.

Puisse donc tomber cette lettre entre les mains de tous ceux qui ont besoin de franchises plus grandes! Elle leur donnerait instantanément, s'ils voulaient la recevoir, plus de vraie liberté que ne saurait leur en octroyer jamais le plus libéral des gouvernements.

Mes amis, jusqu'à un certain âge, l'enfant est sous la dépendance absolue de son père et de sa mère; il n'a ni droits, ni devoirs sociaux ou politiques, ni liberté; et par conséquent, il n'est pas personnellement responsable devant la société : il est mineur.

Mais il vient un temps où la loi déclare la majorité de l'enfant, où elle l'affranchit de l'autorité de ses parents ; lui donne la même liberté, les mêmes droits ; lui impose les mêmes devoirs, la même responsabilité de ses actions ; où elle l'émancipe civilement et politiquement pour en faire un citoyen.

Cette émancipation qui rend tous les hommes égaux devant la loi, comme ils le sont devant Dieu, est une belle, une grande, une précieuse chose, puisqu'il faut à l'humanité tant de siècles pour y arriver ; puisque le peuple qui marche en ce moment à la tête de la civilisation est émancipé depuis 75 ans à peine, et encore d'une manière bien incomplète.

Cependant, mes amis, je connais une autre émancipation beaucoup plus précieuse, car elle est le fondement de l'émancipation civile et politique, car elle est la mère de toutes les autres libertés, qu'elle sait conquérir au besoin, et que, seule elle est capable de conserver : c'est l'Emancipation Intellectuelle et Morale. Celle-ci ne fait pas seulement des citoyens et des bacheliers, elle crée ce que cherchait vainement Diogène en plein midi, avec sa lanterne ; ce que Napoléon III demande à l'Université de faire : elle crée des hommes.

Tels que nous sommes vous et moi, mes bons amis, nous sommes le produit brut de notre éducation. De nos parents, de nos instituteurs, de la société, nous avons, jusqu'ici, reçu sur chaque chose, nos idées toutes mâchées ; notre esprit a été nourri d'une bouillie de croyances traditionnelles, de jugements tout faits qui s'appellent des

préjugés; nos opinions, nos convictions nous sont tom-
bées toute digérées dans le cerveau. Nous avons reçu de
la même manière nos habitudes, nos mœurs, nos coutu-
mes. Cela veut dire que jusqu'ici les autres ont pensé et
réfléchi à notre place, que nous les avons crus sur parole,
aveuglément, comme des oracles; que jusqu'ici, enfin,
nous n'avons jamais pensé par nous-mêmes et n'avons été
que des échos.

Cela serait à merveille si l'humanité était infaillible
comme Dieu. Mais il n'en est point, il n'en pouvait être
ainsi. Créée dans le temps et l'espace, et par conséquent
dans l'imperfection, l'humanité libre et ignorante chargée
de se développer, de se compléter elle-même, ne pouvait
évidemment y arriver que par mille tâtonnements, mille
expériences. L'erreur était donc pour elle le chemin obligé
de la vérité.

Cependant l'homme est fait pour la vérité. Mineur infatigable, il la poursuit sous toutes les latitudes, il la
cherche sur tous les *placers*. Mais hélas! combien ne ra-
masse-t-il pas d'apparences avant de rencontrer le divin
métal! Et si, par bonheur, le hasard lui en met un morceau sous sa pioche, combien vite ce morceau s'altère entre
ses mains. Car il n'en est pas de la vérité comme de l'or.
L'or est inoxydable et brille d'autant plus qu'on le frotte
davantage. La vérité, au contraire, se ternit et se rouille
et se mêle ici bas d'autant plus à tout ce qui n'est pas elle,
qu'elle passe et repasse à travers plus de générations.

Chacun de nous, mes amis, a donc nécessairement reçu
de son éducation une bonne somme d'idées fausses et de
mauvaises habitudes dont il doit avoir hâte de se défaire;
car l'Erreur et le Mal sont des poisons lents qui détruisen

l'homme, comme la Vérité et le Bien sont des élixirs qui le conservent.

Mais, me direz-vous peut-être, sommes nous capables, nous autres ignorants, de distinguer nos préjugés vrais de nos préjugés faux? Et si oui, comment nous y prendre pour cela?

Tout homme est capable de distinguer la Vérité de l'Erreur, la Justice de l'Injustice, le Bien du Mal, par cela seul que cette distinction lui est nécessaire pour accomplir sa destinée. Dieu pourrait il sans injustice refuser à un seul homme la faculté et les moyens de satifaire les besoins qu'il lui donne, de remplir les devoirs qu'il lui impose, d'atteindre la fin pour laquelle il est créé? Bien des philosophes croient à l'égalité du sens commun ou des intelligences. La société qui fait les mêmes lois pour tous les hommes, et nous fait tous égaux devant elles donne raison à ces philosophes.

Ne m'objectez pas non plus votre ignorance. Le sens commun, le bon sens suffit pour découvrir les vérités nécessaires à tous. Peut-être même, les ignorants sont-ils plus aptes à comprendre ces vérités abordées par eux avec un cœur simple que les savants qui s'en vont parfois chercher midi à quatorze heures.

Comment trier vos préjugés et séparer les vrais des faux?

Par un procédé très-simple que vous connaissez aussi bien que moi, que vous pratiquez beaucoup mieux peut-être, sans en savoir le nom, dès qu'un intérêt sérieux vous le commande : par l'*Emancipation Intellectuelle*.

De quelle manière, dites moi, ne confondez vous pas le persil avec la ciguë? En y regardant de près, avec vos propres yeux, n'est-ce pas? En flairant tour à tour avec votre nez, et non avec le nez du voisin, leurs feuilles broyées entre vos doigts.

Comment évitez-vous, sur les foires, les floueries des maquignons, et n'achetez-vous pas un cheval fourbu pour une bête sans défaut? Ce n'est pas en y allant les yeux fermés.

Eh bien! agissez de même à l'égard de vos préjugés. Soumettez-les à l'inspection attentive, au long flair, au palper réitéré de votre propre esprit ; faites les trotter et retrotter dans votre tête en vous tenant continuellement sur la prévention et sur le qui-vive ; peu à peu, vos faux préjugés vous sauteront aux yeux.

Quand vous saurez regarder ainsi avec attention et comparer ; quand vous penserez et réfléchirez par vous-mêmes sur toutes choses, vous serez intellectuellement émancipés.

Un grand philosophe français, épris d'un noble amour de la vérité, et humilié, sans doute, de n'avoir rien cru jusque-là que sur l'autorité de ses maîtres, se mit un jour à renverser d'une chiquenaude tout l'échafaudage de ses croyances de commande, puis à se dire : « Maintenant, je vais douter méthodiquement de tout, excepté de ma propre existence, dont il m'est impossible de douter, et je n'admettrai pour certain que ce qui aura pour moi la clarté de l'évidence. C'est de mes propres mains que je veux rebâtir le temple de mes convictions. »

Ce travail de doute, d'examen, d'émancipation accompli par Descartes, il est de la dignité et du devoir de tout honnête homme de le répéter dans la mesure de ses forces. Pourquoi? parce que chaque homme étant un être

parfaitement distinct des autres et de Dieu par sa personne, un être pouvant dire *moi*, doit, sous peine de sui-
cide moral, se développer lui-même dans la plénitude de
son individualité, imprimer à tous ses actes le cachet de
son originalité; parce que chaque homme, imparfait mais
indéfiniment perfectibile, doit dérouler lui-même librement les germes divins qui sont en lui, afin de se créer
méritoirement dans la perfection; parce que ce serait
folie ou stupidité à une personne intelligente et raisonnable de ne point considérer au soleil particulier de son
intelligence, de ne point éprouver aux réactifs de sa
propre raison, des idées, des opinions sucées avec le lait
de sa mère, respirées avec l'air du milieu où il a vécu,
acceptées de confiance, par respect, par indifférence, par
paresse ou distraction; parce que je n'ai pas reçu une intelligence, une raison à moi pour penser et juger par déléga-
tion; parce que mon esprit ne peut s'assimiler la vérité
qu'en l'élaborant et la digérant lui-même; parce que
Dieu ne m'a pas donné la raison qui me distingue de
l'animal pour que je lui rende en mourant une âme de
brute; parce qu'enfin, sans ce travail émancipateur, il
serait impossible à l'homme d'arriver à sa destinée qui
est le bonheur par la vérité et la perfection adorées,
poursuivies, embrassées avec préférence et constance
pour le temps et l'éternité.

Si les générations successives n'avaient fait que se
transmettre, sans contrôle, les enseignements des premières générations humaines sauvages, ignorantes et fé-
tichistes; s'il ne se fût pas rencontré, de temps en temps,
quelques hommes d'initiative, quelques philosophes ou
amants de la vérité et de la sagesse, comme Descartes,

pour douter, examiner, séparer le vrai du faux et faire de nouvelles découvertes, est-ce que les hièbles, l'ivraie, le chiendent de l'erreur n'eussent pas étouffé le blé de la vérité ? Est-ce que l'humanité, au lieu de s'élever vers un nouveau ciel par une civilisation de plus en plus grande, n'eût pas reculé, degré par degré, jusqu'à l'enfer des minéraux ?

Je sais combien est pénible un pareil travail d'examen et de doute, mais qu'importe la peine en face du devoir?

L'homme ne doit-il pas manger la vérité à la sueur de son âme, comme le pain à la sueur de son corps?

Examinons donc, mes amis et doutons ensemble afin de croire plus raisonnablement et plus fortement ensuite. L'examen devant la conscience et devant Dieu est saint. Le doute est plus près de la vérité, de Dieu, que l'aveugle crédulité qui nous vient de notre éducation et de la paresse de notre esprit. Examinons et doutons, car si l'autorité, la foi aveugle, le préjugé, la superstition, l'ignorance, la crainte et l'erreur ont eu leur raison d'être, leur utilité et leur légitimité relatives ; s'ils sont le lait et les lisières qu'il faut aux hommes et aux sociétés dans l'enfance, l'homme adulte, les sociétés adolescentes ont besoin d'une autre nourriture: il leur faut le pain et le vin de la liberté, de la raison, du doute, de l'examen, de la science, de la religion, de l'amour, de la vérité.

Quoique je vous appelle à remplir ainsi le plus grand, le plus impérieux des devoirs, je paraîtrais coupable d'une extrême audace aux yeux de ceux qui font un péché du doute et de l'examen, de ceux qui comme les coucous préfèrent les nids tout faits aux nids qu'il leur faudrait construire eux-mêmes, si je n'avais, pour me justifier.

l'exemple d'un saint prélat bien autrement émancipé et audacieux que moi, l'exemple de Fénelon, disciple de Descartes. Ecoutez en quels termes le grand évêque philosophe parle du doute dans son admirable *Traité de l'Existence de Dieu*, au chapitre intitulé : *Méthode qu'il faut suivre dans la recherche de la vérité.*

« Il me semble que la seule manière d'éviter toute erreur est de DOUTER *sans exception* de toutes les choses dans lesquelles je ne trouverai pas une pleine évidence. Je me défie donc de *tous mes préjugés :* la clarté avec laquelle j'ai cru jusqu'ici voir diverses choses n'est point une raison de les supposer vraies. Je me défie de tout ce qu'on appelle impression des sens, principes accoutumés, vraisemblances : Je ne veux rien croire, s'il n'y a rien qui ne soit parfaitement certain ; je veux que ce soit la seule évidence et l'entière certitude des choses qui me force à m'y laisser acquiescer, faute de quoi je les laisserai au nombre des douteuses. . .

» Voilà ce qu'il faut faire si je veux suivre la raison ; elle ne doit croire que ce qui est certain; elle ne doit que douter de ce qui est douteux. Jusqu'à ce que je trouve quelque chose d'invincible par pure raison pour me montrer la certitude de tout ce qu'on appelle Nature et Univers, l'Univers entier doit m'être suspect de n'être qu'un songe et une fable. Toute la Nature n'est peut-être qu'un vain fantôme.

» Cet état de suspension, il est vrai, m'étonne et m'effraye et me jette au dedans de moi dans une solitude profonde et pleine d'horreur ; il me gêne, il me tient comme en l'air ; il ne saurait durer, j'en conviens, mais il est *le seul état raisonnable.* Ma pente à supposer les choses dont je n'ai point de preuve est semblable au goût des enfants pour les fables et pour les métamorphoses. On aime mieux supposer le mensonge que se tenir dans cette violente suspension, pour ne se rendre qu'à la seule vérité exactement démontrée. »

Pour nous, mes amis, il n'est aucunement besoin, dans notre émancipation intellectuelle, d'aller aussi loin que Fénelon et Descartes. Je vous l'ai déjà dit, pour toute personne de bonne foi qui n'est pas atteinte de paralysie ou de cécité morale, les grandes vérités nécessaires à la vie des sociétés sont des vérités senties comme la conscience, ou bien évidentes comme cette proposition intuitive : le tout est plus grand que sa partie. Est-ce que l'existence de Dieu, par exemple, n'est pas un axiome du sentiment et de l'intelligence au même titre que celle du soleil est un axiome des yeux ?

Contentons-nous donc de sarcler, dans le champ de nos préjugés, ceux qui pourraient empêcher les grandes vérités morales et religieuses de pousser et de fructifier dans nos esprits et dans nos cœurs, ceux qui pourraient étouffer en nous l'instinct divin de l'idéal, du progrès, de la perfection, et les nobles sentiments d'humanité, de générosité, de dévouement.

D'ailleurs, n'allez pas vous imaginer que l'émancipation intellectuelle soit moins difficile aux savants qu'aux ignorants. Les faux préjugés des savants sont quelquefois plus nombreux, plus enracinés et plus dangereux que les nôtres. L'orgueil qui les a plantés, l'orgueil qui les arrose, l'orgueil qui en aperçoit souvent, à part soi, la fausseté rend ces préjugés presque inextirpables pour le commun des docteurs.

Je vous ai bien indiqué tout à l'heure, dans l'émancipation intellectuelle, un moyen de discerner la vérité de l'erreur. Mais ce moyen serait insuffisant si je ne vous apprenais pas aussi à quel caractère sûr, à quel signe certain, à quelle marque infaillible vous pourrez reconnaître que telle chose est vraie, que telle autre est fausse. Vous seriez comme le pilote sans boussole, comme le joaillier sans pierre de touche, comme le philosophe sans critérium.

Mes amis, vous reconnaîtrez une chose pour vraie et pour bonne à ce signe, qu'elle est conforme à la destinée de l'homme. Vous reconnaîtrez une chose pour fausse et pour mauvaise à cet autre signe, qu'elle est contraire à cette destinée.

Mais quelle est notre destinée ?

Notre destinée, je vous l'ai dit dans ma seconde lettre, nous est révélée par nos besoins instinctifs, par nos aspirations involontaires.

Or, nous appelons instinctivement l'infini ; nous avons un immense besoin de tout savoir, de tout posséder ; nous désirons vivre et être heureux éternellement. Poursuivre sans cesse la réalisation progressive de ces besoins, de ces désirs, de ces aspirations sans bornes, voilà notre destinée.

Vous pouvez donc hardiment et sans crainte de vous tromper, considérer comme juste, comme vrai, comme beau et comme bon tout ce qui, par un généreux mouvement du centre à la circonférence de votre être, l'épanouit et l'agrandit, tout ce qui vous unit à vos semblables par la sympathie, par la bienveillance, par l'amour et la paix ; tout ce qui vous développe solidairement et fraternellement dans l'égalité, l'unité et la liberté ; en un mot tout ce qui tend à vous universaliser en vous mêlant saintement aux hommes, à la Nature et à Dieu.

Vous pouvez, avec la même certitude, regarder comme injuste, comme faux, comme laid et comme mauvais tout ce qui, par un mouvement égoïste de la circonférence au centre de vous-mêmes, vous resserre et vous amoindrit ; tout ce qui favorise en vous cette cupidité individuelle ou familiale qui voudrait tout recevoir d'autrui et ne lui rien rendre ; tout ce qui vous sépare de vos semblables par la haine et par la guerre ; tout ce qui vous empêche de vous développer dans la solidarité et dans la fraternité ; tout ce qui mène à l'inégalité, à la division, à l'esclavage du corps et de l'âme ; enfin tout ce qui s'oppose à votre universalisation progressive par une fusion sainte avec Dieu, avec la Nature et avec vos frères.

Vous voilà maintenant, mes amis, armés jusqu'aux dents contre l'erreur et le mal : vous êtes munis d'une boussole avec laquelle vous pouvez affronter le mobile océan des opinions humaines ; vous avez une pierre de touche où verdira du premier coup tout le similor des sophistes ; vous possédez un critérium à la lumière duquel les papillons de nuit des systèmes et les chauves-souris de la superstition viendront à l'envi brûler leurs ailes !

Maintenant donc, mes amis, à l'œuvre ; j'ai assez parlé. Emancipons-nous, secouons virilement le joug de la routine, de cette seconde nature qu'on nomme l'habitude. C'est plus facile à dire qu'à pratiquer, je le sais ; mais puisque nous ne serons vraiment hommes qu'à cette condition ; puisqu'il y va pour nous de la possession ineffable de la vérité, de la rédemption de notre esprit, du salut de notre âme, faisons l'effort sublime, l'acte de vertu que l'Émancipation nous demande.

Vertu! ô chose plus belle que le mot si beau qui te nomme! Vertu! du latin *vir*, — *homme de cœur, homme fort*, — force morale, force propre à l'homme et qui le distingue de la brute, force par laquelle il domine et gouverne ses instincts, ses penchants au lieu de se laisser gouverner par eux! Vertu! courageuse et victorieuse lutte du libre arbitre et de la volonté contre les lois fatales de la matière et de l'organisation! généreux sacrifice de l'intérêt particulier à l'intérêt commun, qui n'est en définitive que de l'amour-propre éclairé, de l'égoïsme bien entendu! Vertu, volonté du bien passée en habitude, laisse-moi t'appeler aussi d'un autre beau nom, laisse-moi te nommer l'Émancipation Morale.

Et maintenant, accours à notre aide, ô Volonté! car nous ne pouvons rien sans toi! S'il est vrai, comme on l'a dit, que toute ânerie, toute sottise, tout abrutissement vient de vice! toute vérité, toute délivrance de l'esprit doit venir de son contraire, de la Vertu, émancipation morale, liberté des libertés!

Oui, mes amis, pour nous affranchir de nos idées fausses, de nos superstitions, il faut d'abord sortir de l'esclavage des passions; il faut nous émanciper des péchés d'habitude, des vices capitaux qu'elles enfantent : l'Orgueil, l'Avarice, la Luxure, l'Envie, la Gourmandise, la Colère et la Paresse.

Au dire de bien des gens, du reste fort honnêtes, nous n'aurions rien à maîtriser, à réprimer, à corriger en nous-mêmes; tous nos instincts, toutes nos passions seraient légitimes et nous devrions pouvoir leur donner un libre essor ; ce qu'il faut réformer, ce n'est pas l'homme, œuvre de Dieu, c'est la société, œuvre de l'homme.

Mes amis, ces honnêtes personnes se trompent. Sans doute les penchants naturels de l'homme sont légitimes, puisqu'ils ont pour but divin la conservation et la reproduction de l'humanité. Mais comme les instincts chez l'homme sont sans intermittence, comme ils sont aveugles, insatiables et entraînés vers leur objet par cette force fatale qui vers l'aimant emporte le fer, il fallait que nos appétits pussent toujours être dominés, réfrénés, dirigés par une autre force libre plus puissante, par la VOLONTÉ, autrement les appétits fussent allés contre leur but. Transformés en vices par l'habitude, au lieu de la conserver et de la reproduire, ils auraient bien vite détruit notre espèce.

Il est donc faux que l'homme puisse jamais donner à ses passions un libre essor au profit du Bien.

Il n'est pas moins faux de dire que c'est la société qu'on doit réformer et non pas l'homme. Est-ce que le milieu social n'est pas la création de l'homme ? Est-ce que la société telle quelle est n'est pas la somme des individus tels qu'ils sont ? Des molécules malades ne formeront jamais une masse saine. Pour améliorer un total, il faudra toujours commencer par rendre meilleure chacune des unités qui le composent.

Le milieu social passif et sans liberté ne peut pas se réformer lui-même. La réforme doit donc venir des individus librement convertis par l'Emancipation Morale, par la Vertu.

Réformons-nous donc un à un, mes amis, en nous sti-

mulant par une sainte émulation de courage et de persé-
rance. Arrachons de notre cœur à l'envi nos mauvaises
habitudes capitales.

Émancipons-nous de l'Orgueil qui, par le mépris des
autres, nous fait oublier que nous sommes des hommes
au-dessous même de ceux que nous méprisons, s'ils ont
sur nous le mérite de l'humilité ; de l'Orgueil qui nous
ait commettre tant de sottises et nous met au vert à côté
de Nabuchodonosor.

Émancipons-nous de l'Avarice qui change notre cœur
en tire-lire ; qui nous prive du bonheur de donner ; qui
nous change en aérolithes après notre mort.

Émancipons-nous de la Luxure, qui profane la plus
sainte des choses saintes, ce qui nous fait les collabora-
teurs de Dieu dans l'œuvre de la création ; de la Luxure,
qui nous punit justement par la plus horrible des mala-
dies de la plus abominable des profanations.

Émancipons-nous de l'Envie, ce laideron né du Désir
et de l'Impuissance ; de l'Envie qui nous fait blémir et
maigrir de rage à la vue des avantages, des succès, des
bonheurs d'autrui.

Émancipons-nous de la Gourmandise, vice des âmes
grossières, sœur gloutonne de la Luxure ; de la Gourmandise qui, elle aussi, toujours demande et toujours dit :
« donnez m'en trop ; » qui ne vit que pour manger, n'est
qu'une machine à digestion, n'a d'autre dieu que son
ventre et d'autres autels que la table et le vomitoire.

Émancipons-nous de la Colère, fille de la Violence et
de l'Orgueil, mère de l'Injustice et du Meurtre ; de la Colère, cette dernière raison de ceux qui ont tort, ce délire
qui s'exalte en proportion des injustices qu'il accumule.

Enfin et surtout, émancipons-nous de la Paresse qui, donnant accès dans notre âme à tous les autres vices, les empêche également d'en sortir ; de la Paresse oubli de la vie, de notre destinée, et le plus grand obstacle à notre émancipation.

Oh ! oui, mes amis, émancipons-nous de toutes ces tyrannies qui nous corrompent le cœur, l'esprit, le corps, qui nous dégradent au-dessous des brutes, qui nous enchaînent dans la plus honteuse et la plus irrémédiable des servitudes : la servitude volontaire. Nos vrais tyrans, ce sont nos passions puisqu'elles engendrent les autres tyrans. Tant que nous resterons volontairement sous le despotisme invisible de nos vices, nous n'aurons pas le droit de maudire les despotes en chair et en os que nous faisons nous-mêmes et que nous devrions plutôt bénir, puisqu'ils empêchent la dissolution d'une société que nos vices ont frappée de gangrène.

Émancipons-nous, car un esclave émancipé moralement, un esclave vertueux est libre et roi au milieu des fers ; tandis qu'un roi vicieux est esclave et sujet sur son trône.

Émancipons-nous à l'exemple de Descartes, de Fénelon, des grands hommes et des saints de tous les pays et de tous les temps, et surtout à l'exemple de Jésus, le grand, le divin émancipé qui, après s'être affranchi des faiblesses de notre nature, des préjugés de son éducation juive, a souffert, est mort pour la rédemption intellectuelle et morale, pour le salut du genre humain.

Dans une autre lettre, mes amis, je me propose de faire, pour vous, une bien précieuse application de l'émancipation intellectuelle et morale. Je veux vous montrer de quels miracles est capable un ignorant émancipé. Vous verrez avec surprise qu'il peut, non-seulement apprendre seul à lire, à écrire, à calculer, à dessiner, etc., mais encore enseigner ce qu'il ne sait pas.

N'allez pas croire, au moins, que je viens ici me moquer de vous. Je le répète, un ignorant émancipé est capable de s'instruire seul et devient du même coup un professeur encyclopédiste, universel. Oui, l'émancipation intellectuelle a cette puissance de faire quelque chose de rien. En voulez-vous un autre et tout récent témoignage ?

Moi, je dois mon émancipation à un prêtre de mon âge, mon plus ancien et plus fidèle ami, M. l'abbé M., qui est aussi l'un des meilleurs et des plus intelligents curés que je connaisse.

M. l'abbé M., a une jeune sœur qui désirait beaucoup jouer de l'harmonium. Mais dans le village dont mon ami est le curé bien aimé il n'y a point de musicien et lui-même ne sait pas une note de musique. « Cependant, dit-il à sa sœur, je serai ton professeur. »

Mais je laisse M. l'abbé M. parler lui-même. Lisez cet intéressant passage d'une lettre qu'il m'écrivait dernièrement :

« J'oubliais de vous dire, mon cher Auguste, que mon élève en piano et harmonium marche parfaitement. Son doigté est bon ; son jeu agréable et son habileté surprenante. Il n'y a guère que six mois que j'ai entrepris de donner des leçons à Mathilde. Ce sont rigoureusement les leçons de l'ignorant, puisqu'il me serait impossible de jouer une gamme. Jamais je n'ai posé mes doigts sur un clavier. Quand je dis cela et qu'on entend Mathilde, on ne veut pas y croire. Quant à nous, mon cher Auguste, nous savons que cela peut et doit être.

» C'est la musique qui nous manque. J'en ai fait venir, mais on nous l'a mal choisie. Qu'y faire?

» Un mot de la mémoire et de la sensibilité musicale de Mathilde. Une de ses cousines, élève de cinq ans de piano, jouait de temps en temps un morceau des Huguenots. Après l'avoir entendu quelquefois, Mathilde lui dit : « Je crois que je pourrais le jouer par cœur. »

» Elle le joua en effet et incontestablement mieux que sa cousine. »

Donc, alleluia! mes amis, réjouissez-vous! l'ignorant peut enseigner ce qu'il ignore, mais à la condition difficile d'être émancipé. Émancipons-nous donc pendant cette semaine sainte qui nous rappelle ce que le divin Jésus a souffert pour l'émancipation intellectuelle et morale de l'humanité. N'est-ce point la meilleure manière de nous préparer à la Pâque, cette grande fête de la résurrection où nous communierons ensemble dans notre ferme et douce foi à l'immortalité de nos âmes.

Alleluia! Alleluia!

AUGUSTE GUYARD.

P. S. L'émancipation intellectuelle et morale consistant, par-dessus tout, à s'affranchir de l'amour-propre et du respect humain qui nous empêchent de confesser humblement nos torts, je dois, mes amis, si je suis vraiment émancipé, reconnaître que j'ai, dans ma dernière lettre, commis une grande distraction, qui m'a été justement reprochée, en imprimant que les *œuvres d'aumône* ont pour *but* d'éterniser ici-bas la misère.

Non certes, jamais ces œuvres, estimables d'intention, n'ont eu ni avoué un pareil but. J'aime à croire que mon honorable correspondant le reconnaîtra sans peine avec moi. Sa main aura sans doute écrit *but* quand son esprit dictait *moyen*.

Il est vrai que les catholiques et la plupart des autres sectes chrétiennes interprétant faussement ce passage de l'Évangile : « Il y aura toujours des pauvres parmi vous, » croient à la perpétuité de la misère en ce monde et qu'ils devraient, s'ils étaient conséquents, tant pour justifier l'Évangile mal compris, que dans l'intérêt de leur paradis — dont l'aumône est le meilleur passe-partout,— qu'ils devraient, dis-je, travailler à multiplier autour d'eux le nombre des misérables. Mais, par cet infaillible instinct, par cette divine inconséquence qui nous sauvent si souvent des dangers de la logique galoppant sur un faux principe, ou sur un principe absolu, les catholiques et autres chrétiens s'efforcent de détruire par de bonnes œuvres ces misères sociales qu'une interprétation erronée et leur plus grand intérêt personnel leur commanderaient d'entretenir.

J'ai dit interprétation erronée. En effet, comment Jésus qui est venu nous racheter du Péché et de l'Enfer n'aurait-il pas voulu nous racheter en même temps de la misère qui est la grande source du Péché, l'active pourvoyeuse de l'Enfer ?

Malgré cet aveu, je pense avec mon honorable correspondant que les œuvres de solidarité, de prévoyance collective, de charité organisée, d'assistance assurée, telles que les sociétés de secours mutuels, la Commune Modèle, etc., sont de beaucoup supérieures à l'aumône individuelle, humiliante, à la charité aveugle, imprévoyante ; en un mot à toutes les œuvres qui sont à la merci d'une vertu précaire, fatiguée, capricieuse.

Les premières ayant pour *but* avoué de détruire la misère sont vraiment religieuses et chrétiennes, dans la plus large acception des mots. Les secondes étant au contraire, le plus sûr *moyen* d'entretenir à perpétuité sur la terre le *lazaronisme*, c'est-à-dire la paresse et la mendicité, me semblent, malgré leurs prétentions exclusives et leurs bonnes intentions, aussi anti-chrétiennes qu'anti-religieuses.

Hommes religieux et tolérants de toutes les sectes, de toutes les opinions, de toutes les écoles, croisons-nous donc autour du drapeau de la *Commune Modèle* qui a pour devise : *extinction de la misère.* L'humanité souffrante indéfiniment perfectible nous le demande en gémissant ; Jésus notre maître, mort pour le Progrès, nous l'ordonne ; Dieu, notre père à tous, Dieu perfection, félicité souveraine et père du Progrès, Dieu le veut !   A. G.

P. S. Alleluia ! encore une fois, mes amis. Je reçois à l'instant la *Fraternité*, journal des sociétés de Secours Mutuels et de la Société du Prince Impérial, qui contient sur Frotey un article de quatre pages. Ces pages sont pour vous et pour moi un véritable titre de noblesse morale, car elles ont été écrites par le vénérable Président du tribunal civil de Niort, M. Henri Giraud. Mais prenons y garde le spirituel Président ne nous annoblit avant mérite, sans doute, que pour nous *obliger* a nous rendre dignes de ses éloges.

C'est ainsi que St François de Sales faisait supérieure d'un couvent de femmes, la plus imparfaite des religieuses de ce couvent, afin de l'obliger à la perfection par le bon exemple. A. G.

Paris. — Imp. de E. Donnaud, rue Cassette, 9.